D1674888

Josef H. Reichholf

Die falschen Propheten

Josef H. Reichholf

Die falschen Propheten

Unsere Lust an Katastrophen

Verlag Klaus Wagenbach Berlin

Wagenbachs Taschenbuch 442
Originalausgabe

Umschlaggestaltung Groothuis & Consorten, unter Verwendung
des Photos »Landstraße mit gebeugten Nadelbäumen« © ZEFA/Jepp
Das Karnickel auf Seite 1 zeichnete Horst Rudolph
Gesetzt aus der Arena von der Offizin Götz Gorissen
Gedruckt und gebunden bei Pustet, Regensburg

ISBN 3 8031 2442 5

Inhalt

Vorwort

»errare humanum est«

»Irren ist menschlich«. Es gehört zu unserer Natur. Das Wissen von heute sind die Irrtümer von morgen, sagen Spötter, nicht selten ganz zu Recht, wenn allzu Sicheres von Experten behauptet wird. Wir wissen, daß wir uns irren und immer wieder irren werden. Das irritiert uns nicht sonderlich. Vieles läßt sich korrigieren, was wegen falscher Annahmen oder aus blindem Glauben danebenging. Manches nicht. Irren kann tödlich sein. Es gibt Fehler, die man nie machen sollte. Gefahren, die man tunlichst meiden sollte. Doch von den vielen kleinen Irrtümern, die uns unterlaufen, lernen wir. Von Anfang an. Ein Kind, das niemals hingefallen ist, das nicht stolperte, kann noch nicht laufen. Nichts ist perfekt von Anbeginn. Das Meiste müssen wir uns mehr oder weniger hart erarbeiten. Das Leben selbst erweist sich ausnahmslos als der beste Lehrmeister. Wir lernen aus Versuchen und Irrtümern.

Und es ist keine Schande, Fehler zu machen. Zumal dann, wenn man bereit ist, diese zu korrigieren. Nach diesem Prinzip haben wir alle zu leben gelernt. So funktioniert das Leben ganz allgemein. Schon einfachste Lebensformen, wie Amöben, zeigen in ihren Lebensäußerungen dieses Prinzip von Versuch und Irrtum. Mit bestem Erfolg! Es ist keine Erfindung des Menschen, so vorzugehen und die Herausforderungen des Lebens meistern zu wollen. Erfunden hat der Mensch etwas anderes: Den Irrtum zu vermeiden. Wenn schon der Versuch unterlassen wird, dann macht man eben keinen Fehler. Aber so einfach ist das nicht. Nichtstun bringt nur selten weiter. Und nichts zu tun, kann auch ein Fehler sein. Die Lösung fand der Mensch im Verlauf seiner Menschwerdung in der »Prognose«, im Durchspielen möglicher Ereignisse oder Ergebnisse. Das half, viele Irrtümer zu vermeiden. Was aus dieser Vorgehensweise entstand, war ein großartiges Überlebensprogramm. Sinnvolles, rationales Verhalten nennen wir diese Errungenschaft des Menschen. Viele seiner Schwächen und Mängel half es zu beheben. Je mehr Erfolg diese Vorgehensweise brachte, desto erfolgreicher wurde das Programm selbst. Und um so anfälliger für Täuschungen. Denn allzu weit in die Zukunft kann man nicht blicken. Was für das Hier und Jetzt gut und richtig sein mag, kann auch für weiter in der Zukunft Liegendes ganz gut geeignet sein – oder auch ganz falsch. Weil sich die Zeiten ändern, wie wir zu sagen pflegen. Und wir uns mit ihnen, fügten die alten Lateiner hinzu. Als Lebensweisheit wurde dieser Satz Jahrhunderte lang den Lateinschülern gelehrt.

Genützt hat das offenbar wenig. Denn wir tun uns notorisch schwer mit der Zukunft. Wir möchten wissen, was kommen wird. Wir möchten in die Zukunft blicken können. Diese Begierde gerät uns zur Schwäche, die ausgenutzt wird und zwar von solchen Mitmenschen, die uns weismachen wollen, besser als wir in die Zukunft blicken zu können. Sie erstellen für uns die Prognosen, was sein und kommen wird. Und wir schenken ihnen Glauben. Blinden Glauben und allzu bereitwillig. Zu allen Zeiten fielen die Menschen auf Propheten herein. Früher wie heute. Heutzutage vielleicht noch viel mehr. Weil den Prophetien so viel an »harten Fakten« beigemischt wird, daß die Vorhersagen wie Abbilder der Wirklichkeit erscheinen und auch buchstäblich so verkauft werden. Der Bildschirm des Computers hat die Kristallkugel der Seherin ersetzt. Ob die Prognose dadurch besser geworden ist, wird höchst selten noch überprüft. Folgen wir doch einer regelrechten geistigen Schwäche bei der Beurteilung: Trifft die Prognose (einigermaßen) zu, registrieren wir das. Liegt sie daneben, interessiert es uns nicht weiter. So nach der Art »alle Autos sind rot. Schon wieder eines!« Was nicht paßt, wird weggelassen, wird nicht gewertet.

Diese menschliche Schwäche garantiert den Propheten seit biblischen Zeiten Hochkonjunktur. Denn geht es uns schlecht, prognostizieren sie die ersehnte Besserung, geht es uns gut, zu gut vielleicht, warnen sie mit ihren Vorhersagen vor Zusammenbruch und Untergang. Und immer sind wir geneigt, den anderen zu glauben. Vor allem, wenn wir etwas »aus berufenem Munde« zu hören bekommen. Gesunde Skepsis fällt uns viel schwerer als vertrauensvoll-blinder Glaube. Auch die kritischen Geister wissen um diese menschliche Schwäche. Woher sie stammt, wissen wir nicht. Sie scheint zum Menschen zu gehören wie sein Streben. »Es irrt der Mensch, so lang er strebt« charakterisierte Johann Wolfgang von Goethe diesen Zug unseres Menschseins.

Aus biologischer Sicht, vor allem mit evolutionsbiologischen Betrachtungen, lassen sich einige gute Gründe für diese menschliche Schwäche aufzeigen. Das soll hier geschehen. Es geht aber auch darum, die Folgen unseres Glaubens an die (falschen) Propheten zu verdeutlichen. Vor allem in einem Bereich: im Umgang mit der Natur. Denn dieser Bereich, Ökologie genannt, hat sich in den vergangenen Jahrzehnten zu einem religionsartigen Lebensmodell entwickelt, das uns in immer stärkerem Maße vorschreibt, was zu tun und was zu lassen ist. Unsere Gesellschaft westlicher Prägung ist »ökologisiert« worden, fast so, wie sie einst christianisiert worden war. Ging es damals, vor rund 2000 Jahren, hauptsächlich um den Umgang der Menschen mit- und untereinander, so geht es heute um den Umgang des Menschen mit der Natur. Damals sprachen die Propheten und Verkünder der Neuen Lehre die Bedrohung von Weltuntergang und Jüngstem Gericht. Heute sieht das nicht viel anders aus: Zerstörung der Lebensgrundlagen, Zusammenbruch des Weltklimas, Apokalypse.

Die Propheten von damals beriefen sich auf Offenbarungen und Gott, die Propheten von heute präsentieren über die Bildschirme der Computer die Naturwissenschaften und ihre Forschungsergebnisse. Der Fortschritt ist (technisch) offensichtlich. Am blinden Glauben hat sich nichts geändert. Denn nach wie vor werden die Propheten nicht zur Rechenschaft gezogen, müssen die Weissager die Folgen ihrer (Falsch)Prognosen nicht tragen und wir alle machen nach altbewährtem Muster Versuche und bezahlen für die Irrtümer. Homo sapiens, der »weise Mensch«, wie er wissenschaftlich benannt wurde, ist weit davon entfernt, weise zu sein. Für die Weisheit hat man seine »Weisen« in Wirtschaft, Wissenschaft und Politik ei all ihren Fehleinschätzungen können sie mit der Generalamnestie des Vergessens rechnen, viel sicherer als bei ihren eigenen Prognosen. Das hält die Propheterie in Schwung und läßt sie immer wieder zur Piraterie ausarten – zumal wenn es um Geld geht. Wie hatte Wilhelm Busch so schön gesagt.: »Denn erstens kommt es anders und zweitens als man denkt«.

1. Ökologie und unser Umgang mit der Erde

Am Anfang war das Paradies. Diese Feststellung ergibt sich am Ende aus dem, was uns eine allgemeinverständlich aufbereitete Ökologie lehrt. Das Paradies war ohne Menschen. Erst mit seiner Ankunft gingen die paradiesischen Zustände zugrunde. Denn der Mensch hat alles, was vordem so wohlgeordnet war im großen Haus der Natur, gründlich durcheinandergebracht. Mit seiner Un-Natur! Der Mensch ist eine Naturkatastrophe. Eine der besonders schlimmen Art, weil sie vermeidbar wäre, würde sich der Mensch nur richtig, das heißt naturgemäß, verhalten. Ein Vulkan, der ausbricht, kann das nicht. Der Mensch, der ausgebrochen ist aus den Fesseln der Natur, hätte das können sollen, wollte aber offenbar nicht. Der Mensch ist böse und mit der Erbsünde belastet. Deswegen wurde er ja auch aus dem Paradies vertrieben. Die Geschichte läßt sich ausbauen, und sie ist vielfach ausgebaut worden. Die Fachliteratur zu Natur- und Umweltproblemen steckt voller Fortentwicklungen dieser Kerngeschichte vom mißratenen Sproß der Evolution, der zwar von dieser Welt ist, wie die Evolutionsbiologie unzweifelhaft klargestellt hat, aber mit dieser Welt offenbar nicht zurechtkommt, wie die »Ökologie« behauptet.

Gemeint ist mit dieser Ökologie nicht die naturwissenschaftliche Ökologie, sondern das, was jene, die sich ihrer vor einem guten Dritteljahrhundert bemächtigten, aus ihr gemacht haben: Ein Glaubensbekenntnis, eine Ersatzreligion. Daher steckt diese populär gewordene Ökologie in besonders großem Umfang voll von Weissagungen und Weltuntergangsmodellen, wie andere Religionen auch. »Öko« ist aber in einer Hinsicht ganz anders, bedienen sich die Öko-Modelle und -Prognosen doch des Instrumentariums der modernen Naturwissenschaften. Sie machen sich die größten geistigen Leistungen zunutze, die auf Fakten und Befunden aufbauen, sich strenger mathematischer Formeln bedienen und nachvollziehbar erscheinen für jeden Menschen, der entsprechend gut mathematisch-naturwissenschaftlich gebildet ist. Deshalb haben diese Vorhersagen eine so hohe Überzeugungskraft und eine so weite Verbreitung über alle Kulturen und Denkweisen hinweg gewonnen. Die neuen, die modernen, also dem Wissen unserer Zeit entsprechenden Prognosen kommen demgemäß aus Computern. Die Propheten, die sie verbreiten, erwecken den Eindruck, lediglich Vermittler zu sein und nicht eigentlich die Urheber oder Erfinder der Weissagungen. Was sein wird, sagen nicht sie, sondern die Superhirne der Computer, die sich gar nicht (mehr) irren können, wie uns – die wir auf unser eigenes Eineinhalbliter-Gehirn angewiesen sind – weisgemacht wird. Unser »gesunder Menschenverstand« ist längst unzureichend für die großen Probleme, die uns die Zukunft bringen wird. Da stimmen wir, die wir nichts dagegenhalten können als unser kleines Gehirn, natürlich allein schon deswegen gerne zu, weil wir uns nicht blamieren wollen. Selbst wenn wir gefühlsmäßig anderer Meinung sein möchten oder gar mit eigenen Augen anderes gesehen haben, als uns weisgemacht wird. Wer stellt sich schon gern durch unzureichendes Wissen und gänzlich ungenügenden Durchblick bloß.

Ökologie ist eben eine besonders hochkomplexe Wissenschaft und alles, wirklich alles auf der Erde gehört zu ihr und muß von den Öko-Modellen berücksichtigt werden. Diese Forderung, die jeden von uns überfordern muß, kann nur das hochvernetzt »denkende« System der Computer und ihrer Weltmodelle bewältigen. Drei große Anliegen der globalen Ökologie, drei echte Herausforderungen für die Zukunft, insbesondere für das neue Jahrtausend, mögen das verdeutlichen: Vernichtung der Biodiversität, Klimaveränderung und Bevölkerungsexplosion.

Zweifellos sind das *global issues*, weltweit bedeutsame Themen, wie die Globalisierung selbst. Sie betreffen die ganze Erde und die gesamte Menschheit. Sie erfordern Gegenmaßnahmen oder richtige Weichenstellungen.

Zehn Jahre nach dem sogenannten Erdgipfel von Rio rückte die Vernichtung von Biodiversität mit der Nachfolgekonferenz in Johannesburg Ende August 2002 wieder ins Zentrum globaler Betrachtungen und Umweltpolitik. Damals, 1992 in Rio de Janeiro, hatte die Staatengemeinschaft beschlossen, die Erhaltung der Lebensvielfalt auf der Erde (Biodiversität) zusammen mit dem Prinzip Nachhaltigkeit in der Entwicklung zur Hauptaufgabe weltweiter Umweltpolitik zu machen. Der Schutz des Klimas der Erde wurde gleich dazugepackt. Zugrunde lag, wie auch in Johannesburg, die Annahme, die Biodiversität der Erde würde in rasendem Tempo schwinden. Zehn bis 38 Arten sterben pro Tag aus, so eine weitverbreitete Schätzung des Amerikaners Andrew P. Dobson von der Princeton Universität nach Auswertung einer ganzen Anzahl von unterschiedlichen Hochrechnungen aus den letzten 20 Jahren. Das wären zwischen 4.000 und 14.000 Arten, die pro Jahr von unserer Erde verschwinden. Unwiederbringlich ausgerottet! Vernichtet, weil auf ihr Verschwinden nicht geachtet wurde. Ausgestorben, weil vor allem in der Tropenwelt Wälder gerodet werden, um Platz für Menschen zu schaffen. Und für Vieh. Das Artensterben gilt als eine der ganz großen Katastrophen, deren Verursacher der Mensch ist.

Ein derartiges Massenaussterben hatte es allerdings mehrmals in der Erdgeschichte gegeben. Vor gut 65 Millionen Jahren zum Beispiel. Damals starben ziemlich plötzlich, wie Fossilfunde zeigen, die Dinosaurier aus. Mit ihnen verschwanden viele andere, vor allem größere und große Lebewesen. Mit diesem Massensterben kennzeichnen die Erdgeschichtswissenschaften das Ende des Erdmittelalters und den Beginn der Erdneuzeit. Mit kleineren wie größeren derartigen Massenaussterben gliedern sie die kontinuierliche Geschichte des Planeten Erde in Zeitalter – vergleichbar einer Unterteilung der menschlichen Geschichte durch Kriege, Herrscher oder große Entdeckungen. Nur selten gibt es schöne »gerade« Jahreszahlen, wie etwa bei der Krönung Karls des Großen im Jahre 800 (was hinsichtlich der genauen zeitlichen Festlegung ebenso umstritten ist wie das wirkliche Jahr Null, das Jahr von Christi Geburt). In den Erdwissenschaften verhält es sich genauso. »Krumme« Zahlen wirklicher Ereignisse gliedern die Abfolge der Jahrmillionen und Jahrzehntausende, wobei in der Erdgeschichte Naturkatastrophen, in der Menschheitsgeschichte Kriege und »historische Katastrophen« die Zeitmarken bilden.

Dazu paßt bestens, daß das von uns Menschen ausgelöste und beschleunigte Artensterben einer Katastrophe gleicht, dem Massenaussterben ferner Zeiten der Erdgeschichte ähnelt. Der Mensch selbst wird auf diese Weise zur Naturkatastrophe gemacht. Es läßt sich leicht hochrechnen, wie schnell der Artenreichtum, die Vielfalt des Lebens und seine natürliche Diversität zu Ende sein würden, wenn das Artensterben mit ungefähr 10.000 Toten (Arten) pro Jahr so weiterginge. In nur 300 Jahren würde die gesamte Lebensvielfalt der Erde vernichtet sein; vielleicht schon früher, weil sich die Vernichtungsrate beschleunigt, je mehr sich die Menschheit ausbreitet und die Natur unseres Planeten auffrißt.

Allerdings machen die Hochrechner selbst eine nicht unwichtige Einschränkung: Die Berechnungen hängen selbstverständlich davon ab, wieviele Arten es auf der Erde überhaupt gibt. Doch an dieser Frage entzündet sich der Streit – wissenschaftlich erfaßt und eindeutig beschrieben sind noch nicht einmal zwei Millionen Arten von Tieren und Pflanzen sowie Mikroorganismen. Geschätzt werden zwischen fünf Millionen und 80 bis 100 Millionen existierender Arten. Je nachdem, welche Schätzung zugrundegelegt wird, ergeben sich kleine oder außerordentlich große Schätzwerte für das Artensterben.

Vor allem bei Säugetieren, Vögeln und anderen Wirbeltieren sowie bei einigen wenigen Teilgruppen von Insekten und Weichtieren ist das Aussterben von Arten nachgewiesen. Die Befunde zu den tatsächlich und nachweisbar ausgestorbenen Arten sehen aber merkwürdigerweise ganz anders aus als die so besorgniserregenden Hochrechnungen. Nach diesen Befunden fand das Artensterben hauptsächlich zwischen 1500 (Entdeckung Amerikas) und 1800 oder 1900 statt. Im 20. Jahrhundert gab es nur noch wenige dokumentierte Fälle des Aussterbens von Arten; die meisten davon wie auch schon im 19. Jahrhundert auf kleinen ozeanischen Inseln. Kaum eine Tier- oder Pflanzenart starb in den letzten beiden Jahrhunderten in Europa aus.

Die tatsächlichen Befunde (ein starker Rückgang des Artensterbens bis auf nahezu Null in der jüngsten Vergangenheit) könnten kaum weiter von der verbreiteten Besorgnis entfernt sein, die zur Biodiversitätskonvention von Rio (1992) geführt hatte, daß wir uns mitten in einem Artensterben katastrophalen Ausmaßes befänden, das dereinst gleichrangig mit dem Verschwinden der Dinosaurier ein Erdzeitalter beenden und ein neues – die Zeit nach dem Menschen – begründen würde: denn wir würden uns im Zuge dieses globalen Aussterbens die eigenen Lebensgrundlagen entziehen und somit selbst verschwinden.

Dieser Zwiespalt zeigt deutlich, worum es geht: Vorhandene Befunde stehen gegen Annahmen und Hochrechnungen. Nichts wäre nun aber verkehrter, als das »Artensterben« einfach als Machwerk abzutun. Denn die Hochrechnungen basieren durchaus auf plausiblen Annahmen, und legen andere Befunde zugrunde, die sich auf Flächen an artenreichen Tropenwäldern beziehen, welche in den letzten Jahrzehnten Kettensägen und Feuer zum Opfer fielen, um Land für Rinder und Menschen zu gewinnen und »urbar« zu machen. Urbar meint: nutzbar im Sinne des Menschen. Denn in einem anderen Sinne waren die Tropenwälder in höchstem Maße urbar, brachten sie doch (abgesehen vom Wasser) die höchste Vielfalt an Arten und besonderen Formen des Lebens hervor. So viele, daß die Hauptunsicherheit in der Kalkulation des Artenreichtums in eben diesen

Tropenwäldern steckt, die heute so großflächig vernichtet werden. Weil wir nicht wissen, wieviele Tier- und Pflanzenarten es etwa in Amazonien oder auf der tropischen Inselwelt Südostasiens gibt, können wir nicht wissen, wieviele Arten den dortigen Erschließungsmaßnahmen zum Opfer fallen. Wir kennen nur das Ausmaß der veränderten Flächen: Wieviel Wald wo gerodet, abgebrannt und in andere Landnutzungsformen umgewandelt wird, läßt sich im Zeitalter der Satellitenüberwachung nicht mehr verheimlichen oder mit gefälschten Zahlen verschleiern. Wir wissen aber nicht, wieviele gänzlich unbekannte Arten gleichzeitig mit den bekannten (weil auffälligen und großen) in den letzten Jahrhunderten des dokumentierten Artensterbens im Verborgenen ausgestorben sind. Wenn das Artensterben bei den großen Arten tatsächlich rückläufig und fast unbedeutend geworden ist, so heißt das nicht, daß es bei den kleineren, weniger auffälligen oder noch unbekannten Arten nicht vorhanden wäre und jene hochgerechneten katastrophalen Ausmaße annehmen würde. Es bedeutet aber genausowenig, daß es dieses katastrophale Artensterben wirklich gibt, weil es eben nur auf Grund von Annahmen hochgerechnet werden kann.

Was sich aber zweifelsfrei ermitteln läßt, ist der Grad der Bedrohung der bekannten und seltenen Arten. So gilt ganz zu Recht ein gutes Zehntel aller Vogelarten der Erde als vom Aussterben bedroht, weil die Vorkommen der betreffenden Vogelarten so gering geworden sind. Auch für viele Säugetiere, Kriechtiere, Fische oder Lurche gibt es verläßliche Angaben über deren Seltenheit und Gefährdung. Es sind, wie die genauere Betrachtung zeigt, genau dieselben Ursachen, die den Hochrechnungen zum Artensterben zugrundegelegt werden: Vernichtung der Tropenwälder, Urbarmachung von Sumpfgebieten, Verkleinerung der Lebensräume, auf denen die betroffenen Tierarten wie auf Inseln eingeschlossen festsitzen und auf deren Erhaltung sie angewiesen sind. So gut wie alle der zahlreichen Ursachen sind »menschengemacht«.

Es sind also weniger die »Hochrechnungen« und Prognosen selbst, die uns Probleme machen, als vielmehr die Schlußfolgerungen daraus: Was zu tun ist oder was getan werden müßte, um den absehbaren Entwicklungen entgegenzuwirken.

Das bringt das zweite Globalbeispiel, die Klimaveränderung, noch deutlicher zum Ausdruck. Ursprünglich herrschte die Sorge, es könne auf der Erde zu warm werden, weil der Mensch zu viele sogenannte Treibhausgase freisetzt (»Die Erde liegt im Fieber« wurde zur aufrüttelnden Schlagzeile hochstilisiert). Mittlerweile ist diese Befürchtung um ein ganzes Paket zum »globalen Wandel« (*global change*) erweitert worden. Zentrale Grundlage bildet aber nach wie vor die Sorge um die Stabilität des Klimas der Erde, und wichtigstes Kernstück dafür ist aus der Sicht des internationalen Umweltschutzes das »Kyoto-Protokoll« zum Schutz der Erdatmosphäre.

Wer die schier ununterbrochene Folge von Katastrophenmeldungen aus aller Welt in den Medien verfolgt, muß zwangsläufig zu der Überzeugung gelangen, es stimme etwas nicht mehr mit dem Klima. Stürme und Überschwemmungen verheerenden Ausmaßes, Hitzewellen mit gewaltigen Feuersbrünsten oder unzeitgemäßer Schneefall bis in die subtropischen Regionen, ein Nordpol ohne Eis, das Jahr um Jahr größer werdende Ozonloch; die unglaublich genauen Messungen zum Gehalt der Erdatmosphäre an klimaverändernd wirkenden Kohlendioxid- und Spurengasen präsentieren uns sowohl die Nachrichten als auch die mit dem globalen Wandel befaßten Wissenschaftler. Wer könnte da auf die abwegige Idee kommen, man könne das alles auch ganz anders sehen und beurteilen? Zum Beispiel, daß früher vieles gar nicht bekannt wurde, weil es nicht gemeldet werden konnte, oder daß die meisten Temperaturmessungen vor 1950 oder gar in früheren Jahrhunderten mangels besserer Instrumente und Meßmethoden ungleich weniger präzise als die heutigen ausfallen mußten. Oder daß mit Beginn der regelmäßigen Wetteraufzeichnungen, welche die Grundlage für die

Ermittlung der Klima-Mittelwerte darstellen, eine Klimaphase zu Ende ging, die ein paar Jahrhunderte lang angedauert hatte und von den Historikern ganz selbstverständlich als die »Kleine Eiszeit« bezeichnet worden war. Mehr noch: Was berechtigt überhaupt zu der Annahme, das Klima vor der zweiten Hälfte des 20. Jahrhunderts sei das Beste und einzig Richtige gewesen? Denn nur dann, wenn wir von dieser Annahme ausgehen, wird jede Abweichung davon negativ und muß »bekämpft« werden. Ein geradezu unpolitisch-exaktes Meßverfahren, das Lufttemperaturen und Niederschlagsmengen, Eistage oder – im Meer – Wassertemperaturen festhält, zu langen Serien aufreiht und daraus Mittelwerte berechnet, gerät, wenn aus den Meß-Werten Bewertungen gemacht werden, in eine politisch hochbrisante Zone. Selbst wenn es stimmen mag und das Ergebnis aller wissenschaftlichen Kritik und Überprüfung standhalten sollte, besagt die durchschnittliche Zunahme der Lufttemperatur um ein Grad Celsius an sich überhaupt nichts. Ein derartiger Befund gewinnt erst in Bezug zu anderen und mit der Bewertung anderer Zustände Bedeutung.

In der Klimadebatte wird dies in doppelter Weise deutlich und höchst problematisch. Denn einmal geht es um die ökologischen Folgen von Klimaveränderungen für den Menschen, seine Haustiere und Nutzpflanzen in den verschiedenen Regionen wie auch um mögliche Auswirkungen auf die ganze übrige Natur. Zum anderen aber um die Maßnahmen, die den Veränderungen entgegenwirken sollen, wie etwa die sogenannte »Öko-Steuer« (Energieverbrauchs-Besteuerung) oder der weltweite (mögliche) Handel mit Industrieabgasen und dergleichen.

Die Ökologie als Naturwissenschaft kann hierzu nicht mehr als Fakten liefern. Deren Berücksichtigung wie auch das Ausmaß, in dem sie für die umweltpolitischen Bewertungen und Maßnahmen herangezogen werden, fällt höchst unterschiedlich und selektiv aus. So ermittelte zum Beispiel die Umweltforschung, die sich mit dem nacheiszeitlichen Klima der letzten 10.000

Jahre und seinen Veränderungen befaßt, daß das Klima in Mitteleuropa (woher nicht nur die meisten Meßdaten zur Klimaveränderung, sondern auch die plausibelsten Modelle für die zukünftige Klimaentwicklung stammen) während immerhin mehr als zwei Drittel dieser nacheiszeitlichen Periode wärmer als gegenwärtig war. Die Alpengletscher waren zeitweise so gut wie ganz verschwunden. Wein gedieh in Nordeuropa und in Köln am Rhein wurden mediterrane Feigen reif. Günstige Witterungsbedingungen in Skandinavien bedingten eine kleine Überbevölkerung, die wiederum die Ausfahrten von Wikingern und Normannen auslöste, bei denen Grönland entdeckt und besiedelt wurde und rund ein halbes Jahrtausend vor Kolumbus die »Nordmänner« bis nach Nordamerika führte, das sie »Weinland« (*Vinland*) nannten. Zu Zeiten des Römischen Weltreiches war Nordafrika (heute Wüste) die Kornkammer Roms. Vieles spricht dafür, daß die Völkerwanderung durch eine damals wohl mit Sicherheit nicht vom Menschen verursachte Klimaveränderung in Innerasien ausgelöst wurde; die Folge war bekanntlich der Zusammenbruch der alten Ordnung des Römischen Reiches und die jahrhundertelange Vorherrschaft der Germanen in Europa.

Dagegen gab es in der – laut historischer Einteilung – »Neuzeit« genannten Periode der letzten Jahrhunderte so harte Winter, daß Hollands Grachten wie auch der Bodensee zur Gänze zugefroren waren, wie auf zeitgenössischen Bildern (zum Beispiel von Brueghel) zu sehen ist. Weder in den letzten beiden Jahrtausenden unserer Zeitrechnung noch in den weiteren acht bis zehn davor (bis zurück zum Ende der letzten Eiszeit) war das Klima jemals stabil. Im Gegenteil: Seine Veränderung muß als das Normale angesehen werden und es gibt keinen Sollwert, den es (wir personifizieren unbewußt die künstlich zusammengruppierten Meßwerte und Mittelwerte, wenn wir von »dem Klima« sprechen!) einzunehmen hat oder welcher tatsächlich der Richtige wäre. Denn jede Witterungsphase, die zum Zeitsegment eines »Klima-

Ausschnitts« beiträgt, hat ihre Eigenheiten und damit ihre Vor- und Nachteile. Wer, wie Millionen Mittel- und Nordeuropäer, im Urlaub ans Mittelmeer fährt, um dort Sonne und Wärme zu genießen, wird emotional wenig Verständnis dafür entwickeln, daß man gegen schönere, wärmere, mediterrane Sommer auch bei uns in Mitteleuropa etwas einwenden sollte. Und wer bei knapper Kasse winterliche Heizkostenrechnungen präsentiert bekommt, dürfte milde Winter den kalten vorziehen.

Andererseits kann ein einheitlich gleichartig angenehm warmes Gesamtklima der Erde viele andere Ansprüche und Wünsche nicht erfüllen. Jeder weiß, daß das Wetter nicht einfach »gemacht« werden kann, und ist wohl auch froh darüber – bei allem Ärger darüber, daß das Wetter wieder einmal so ist, wie es nicht sein sollte. Und daß es sich mit hoher Verläßlichkeit als unzuverlässig zeigen wird. Warum also die ganze Aufregung? Wem nützt der Klimawandel in Theorie und Wirklichkeit? Solche Fragen drängen sich nachgerade auf, wenn man wegen der Gefahr des Klimawandels weniger Auto fahren soll und mehr für Erdgas bezahlen muß.

Besteht das Problem nicht einfach darin, daß wir zu viele geworden sind? Daß die Menschheit explodiert und den Blauen Planeten wie ein Brei, der außer Kontrolle geraten ist, mit Megastädten zu überziehen droht? Das Problem der Bevölkerungsexplosion, die dritte große Herausforderung für die Zukunft, begleitet uns nun schon ein halbes Jahrhundert – doch wir Menschen in den Industrienationen überaltern und die Bevölkerung schrumpft bis zur Unbezahlbarkeit der Renten. Der Zuzug von Ausländern soll dennoch begrenzt werden, weil wir sie als zu zahlreich empfinden. Wo ist das Maß? Warum fallen die Beurteilungen so höchst unterschiedlich aus? Das ist sicher nicht das leichteste Fallbeispiel zum Einstieg in die Problematik, aber eines, das sehr deutlich hervortreten läßt, was den Menschen kennzeichnet – im Guten wie im Schlechten!

Seit Ende des 20. Jahrhunderts leben aller Wahrscheinlichkeit nach sechs Milliarden Menschen auf der Erde. Täglich werden es mehr. Wenn das Wachstum der Menschheit sich so weiterentwickelt, werden wir bald nicht einmal mehr Platz haben, um zu stehen. Hochrechnen läßt sich das leicht, auch mit kleinen Taschenrechnern. »Exponentielles Wachstum«, »geometrische Progression« nennt man in der Mathematik solche Formen der Zunahme. Das Prinzip ist einfach und logisch. Aus 2 mach 4, aus 4 werden 8, daraus 16, 32, 64, 128, 256 und so weiter. Bei der Weltbevölkerung des Menschen ging die Verdopplungszeit in den letzten 200 Jahren immer weiter (auf unter 30 Jahre) zurück, was zu einer extrem raschen Bevölkerungszunahme, vor allem in den Entwicklungsländern, führte. Da jedoch die Lebensgrundlagen begrenzt sind und einfach (also »arithmetisch« und nicht, wie die Bevölkerung, »geometrisch«) wachsen und zunehmen können, muß zwangsläufig die Schere zwischen Bevölkerungszahl und Lebensgrundlagen immer weiter auseinanderklaffen.

Ob die entwickelten Länder der früher sogenannten Ersten Welt wirklich darauf reagierten und aus Einsicht, daß es so nicht weitergehen könne, ihre Vermehrung drastisch minderten, ist fraglich. Sicher ist freilich der »Pillenknick«, der mit der umfassenden Verfügbarkeit der Empfängnis verhindernden Pille die Geburtenrate stark absinken ließ. Profiteure dieser Entwicklung waren nicht nur die Pharmaindustrie, sondern vor allem auch bestimmte Bevölkerungsgruppen, etwa die Frauen oder die ausländischen Arbeitskräfte. Andererseits warf sie das Problem der Rentensicherung und Auflösung des Generationenvertrags auf. Neuerdings prognostizieren Bevölkerungswissenschaftler sogar einen globalen Zusammenbruch der Menschheit. Jedenfalls ist man ziemlich sicher, daß die Vorhersagen zur weiteren Entwicklung der Menschheit bei weitem nicht eintreffen werden und schon bei wohl weniger als dem Doppelten der heutigen Weltbevölkerung der Rückgang einsetzen wird. Global, versteht sich, aber womöglich in ähnlicher Weise wie in Europa während der weltweiten Bevölkerungsexplosion.

Wir Europäer haben mit abnehmenden Bevölkerungszahlen zu rechnen, während vor allem in Asien die Menschenflut anschwillt. Welche Konsequenzen ergeben sich daraus? Sollen wir einfach den Überschuß aus der Dritten Welt aufnehmen? Oder sollten wir die eigene Vermehrung wieder stärker in Gang bringen, auch wenn dies nicht gerade in Übereinstimmung mit den Forderungen an die Dritte Welt steht, die dortige Zunahme zu drosseln? Wer wird die Folgen von zu geringer und zu starker Vermehrung tragen müssen? Die betreffenden Völker selbst oder jeweils nur die wohlhabenden oder die gesamte Staatengemeinschaft der Erde?

Mehr noch: Wer trägt die Folgen von Maßnahmen, die auf Prognosen aufgebaut sind, die sich als nicht zutreffend herausgestellt haben? Bislang nimmt anscheinend noch kein einziges demokratisches System diese »falschen Propheten« in die Pflicht. Gäbe es so etwas wie eine Regreßmöglichkeit, ließe sich mit an Sicherheit grenzender Wahrscheinlichkeit prognostizieren, daß die Zahl der Weissagungen drastisch zurückgehen würde. Und die dennoch aufgestellten Prognosen würden höchst vorsichtig und unter Einbeziehung vieler Abweichmöglichkeiten formuliert werden. Selbstverständlich ist das unter den gegebenen Bedingungen nicht mehr als ein Wunschbild. Für eine bessere Beurteilung von Prognosen gibt es aber eine Vorgehensweise, die der in unseren Schulen gelehrten Form des mathematischen Beweises entspricht: 1. Voraussetzung, 2. Behauptung und 3. Beweis(führung). Läßt sich der Beweis nicht führen, wird die Behauptung verworfen.

Auf die hier behandelten Öko-Prognosen bezogen hieße das: 1. Fakten, 2. Schlußfolgerungen und 3. kritische Überprüfung. Die Schlußfolgerungen können nicht besser sein als die Grundlage, auf der sie ermittelt und gezogen werden: Die Fakten und ihren Gültigkeitsbereich. Die kritische Überprüfung der Schlußfolgerungen, die als Prognosen oder »Modelle«, wie sie zunehmend auch bezeichnet werden, entworfen werden, bedarf dabei, anders als in der Mathematik, des »doppelten Beweises«. Das wird noch näher auszuführen sein, weil in der Natur und ihren Vorgängen Entwicklungen, in denen die Zeit eine maßgebliche Rolle spielt, die Regel darstellen (siehe Seite 66 ff.). Was heute zutrifft, muß in zehn Jahren längst nicht mehr gültig sein. Die direkte Beweisführung funktioniert oftmals nicht, weil sich die Umstände ändern können. Im Prozeß des Lebens nennt man diesen Umstand »Anpassung«. Ohne diese Anpassung, ohne Einstellung auf sich ändernde Bedingungen, hätte das Leben keine Chance gehabt, zu überdauern. Vorgänge in der Natur sind nicht unveränderlich-statisch, sondern höchst veränderlich-dynamisch. Das gilt für die Arten, ihr Werden und Sterben, wie für das Klima oder die Entwicklung von Bevölkerungen, von Populationen, wie sie in der Ökologie allgemein genannt werden. Ob Populationen von Hefepilzen, Fliegen, Seevögeln, Rehen oder Menschen – die Grundvorgänge sind gleich und entsprechen einander.

Deshalb sind zwei sehr häufig in Prognosen eingebaute Annahmen von vornherein unzutreffend: erstens die Annahme, daß es »so weiter gehen würde« und zweitens daß »der Ausgangszustand der Richtige gewesen sei«. In der lebendigen Natur, also im gesamten Naturhaushalt der Erde, gibt es diesen Zustand des Gleichmäßig-Weitergehens ebenso wenig wie das Verharren in einem bestimmten Zustand. Genau deswegen kann die Ökologie als Wissenschaft auch keine »ehernen Gesetze« wie die Physik vorweisen. Und deswegen kann als Zwischenbilanz für die drei Beispiele nur festgehalten werden, daß die Grundannahmen, auf denen sie aufbauen, nicht zutreffen und für die Öffentlichkeit aufbereitet worden sind. Was nicht heißen soll, daß die Problematik des Artensterbens, des Klimawandels und der Bevölkerungsexplosion bedeutungslose Scheinthemen wären. Ganz und gar nicht! Vielmehr geht es darum, diese Probleme so darzulegen und zu behandeln, daß sich die Schlußfolgerungen mit hinreichender Sicherheit ziehen lassen und daß klar ist, um welche damit verbundenen Ziele es sich handelt.

Anders ausgedrückt: Worauf gründet sich das »Szenario Zukunft« der Prognosen und Propheten? Soll lediglich alles so bleiben, wie es ist? Und ist man deswegen gegen den Wandel, gegen die Veränderung? Oder sind die Verhältnisse in der Gegenwart und ihre Entwicklung aus der Vergangenheit heraus tatsächlich so schlecht, so veränderungsbedürftig, daß Gegenmaßnahmen zu ergreifen sind? In beiden Fällen geht es um Bewertungen und nicht um Fakten allein. Kann die Ökologie überhaupt solche Bewertungen beibringen oder gar begründen? Als Glaubensbekenntnis und Ersatzreligion ist sie dazu in der Lage, wie jede andere Religion auch. Aber als Naturwissenschaft, die unabhängig von Glauben und Weltanschauungen mit dem Faktischen überzeugt, sicherlich nicht – sonst verliert sie ihren Charakter und ihre anzustrebende Neutralität. Die (falschen) Propheten wissen das und machen »die Wissenschaft« mit dem Argument lächerlich, sie bringe ja doch nur andauernd neue Theorien und ihr fehle der Blick aufs Ganze. Zwar ist durchaus möglich, daß in all der Detailforschung der Blick aufs Ganze aus dem Blickfeld gerät – doch das ist nicht das Kernproblem. Weit problematischer wird es, wenn unter dem Deckmantel naturwissenschaftlicher Betrachtung Ideologisches verbreitet und dadurch die Ideologie fast unangreifbar gemacht wird.

Betrachten wir unter diesem Aspekt das »Szenario Zukunft«, wie es sich etwa in den grundsätzlichen Vereinbarungen der Umweltgipfel von Rio und Johannesburg zur Erhaltung der Biodiversität und für nachhaltige Entwicklung präsentiert. Schließlich sollen sie das globale Aktionsprogramm für die Zukunft sein.

2. Szenario »Zukunft«

Für die Zukunft und ihre Meisterung ist »Weitblick« gefragt. Wer diesen nicht hat, gilt als »kurzsichtig«. Solche umgangssprachlichen Redewendungen verraten viel über die Erwartungen, die entwickelt und gehegt werden – geht doch die Zukunft jeden an. Politiker aller Richtungen umgeben sich daher gern mit Gremien, die prägnante Prognosen aufstellen können (sollen), um damit nach außen ihren Weitblick zu demonstrieren. Soll etwas ganz besonders wichtig und zukunftsweisend wirken, trifft man sich zum »Gipfel«.

Auf den Umwelt-Gipfeltreffen 1992 in Rio und 2002 in Johannesburg wurde in der Tat über Zukunftsweisendes beraten: »Die Zukunft des Planeten Erde«. Die Kernfragen klingen einfach und überzeugend. Was wird aus dem Blauen Planeten? Was wird auf die Menschheit zukommen? Gemeint stets mit dem Zusatz »... wenn wir so weitermachen wie bisher«. Und schließlich: Was kann dagegen getan werden? Denn die Zukunft sieht düster aus, darin war man sich bereits in Rio einig. Das, was auf die Menschheit zukommen würde, erforderte den Einsatz aller Kräfte. Auch darüber herrschte prinzipielle Einigkeit. Was jedoch konkret zu tun sei oder getan werden könnte, verursacht Meinungsverschiedenheiten, wie das Beispiel der US-amerikanischen Haltung bei der Umsetzung des Kyoto-Protokolls zum Klimaschutz zeigte. Die Amerikaner sehen das Problem der Klimaveränderung anders, als die Europäer es sehen wollen. Wer dabei Recht hat, bleibt offen. Zudem ändern sich die daraus abgeleiteten Vorhersagen fast so häufig wie sich die Prognosen des Wetterberichts als falsch erweisen. Nicht einmal die Wissenschaftler seien sich einig, klagen Politiker, die sich gezwungen fühlen, »etwas zu tun«. Kann es sein, so fragt sich der kritische Geist, daß über Klimamodelle mehrheitlich abgestimmt werden muß? Was bedeutet die Aussage, die Mehrheit der Klimaforscher sei sich einig, daß der Mensch (jetzt) Verursacher der Klimaerwärmung ist und daß unter all seinen klimaverändernden Aktivitäten ein »Hauptschuldiger« namhaft gemacht werden kann: nämlich die Menge des ausgestoßenen Treibhausgases Kohlen(stoff)dioxid CO_2.

Vom Kohlendioxid leben aber bekanntlich die grünen Pflanzen. Sie bauen aus diesem Nährstoff letztlich all das auf, wovon Tiere und Menschen leben. Und eben dieses Kohlendioxid soll nun die Stabilität des Klimas gefährden? Dabei kommt es in der Luft doch nur in vergleichsweise geringen Mengen vor: der CO_2-Gehalt der Luft beträgt nur ein Drittel eines Promille! Sauerstoff nimmt dagegen fast 21 Prozent ein und den weitaus größten Anteil hat Stickstoff mit 78 Prozent.

Nun ändert sich aber merkwürdiger Weise der Sauerstoffgehalt der Luft so gut wie gar nicht, obwohl wir so viel davon verbrauchen, wenn wir etwas verbrennen – und was wir verbrennen, ist bemerkenswert: In Deutschland allein sind es Jahr für Jahr rund 500 Millionen Tonnen Steinkohle-Einheiten. An jedes Atom Kohlenstoff lagern sich zwei Sauerstoffatome an und bilden das so unerwünschte CO_2. Dieses nutzen die Pflanzen und produzieren daraus Zucker, Stärke und viele andere Pflanzenstoffe. Als Abfallprodukt dieses Stoffwechsels wird Sauerstoff frei. Auf diese Weise kommt beziehungsweise kam ein Kreislauf zustande, denn gegenwärtig gelangt mit der Verbrennung von Kohle, Erdöl und Erdgas (den »fossilen Brennstoffen«) mehr Kohlendioxid in die Luft, als die grünen Pflanzen wieder daraus entnehmen können. So steigt der CO_2-Gehalt der Luft seit gut 100 Jahren ziemlich kontinuierlich an. Derzeit beträgt der Anstieg etwa ein halbes Prozent pro Jahr (bezogen auf den »Ausgangswert« von weniger als 0,03 Prozent CO_2-Gehalt) und hat um die Jahrtausendwende etwa 0,035 Prozent erreicht. Dieser geringfügigen Zunahme wird nun der im gleichen Zeitraum erfolgte Temperaturanstieg weltweit um gut ein Grad Celsius angelastet – ob zu Recht oder zu Unrecht, ist noch etwas umstritten. Jedenfalls gilt Kohlendioxid als »Treibhausgas«, weil es aus der Atmosphäre Wärmestrahlung auf die Erde zurückwirft und dabei zur Erhöhung der Durchschnittstemperatur der Erdoberfläche beiträgt. Den Anteil unter den verschiedenen Treibhausgasen hat man für das CO_2 auf etwa 55 Prozent berechnet. An zweiter Stelle folgt Methan (CH_4) mit etwa 25 Prozent und an dritter Lachgas N_2O. Mit den Fluorchlorkohlenwasserstoffen (FCKWs) wurde ein vierter Hauptverursacher ermittelt und bald darauf seine Produktion verboten. Letztere sind chemisch-technische Kunstprodukte, die nicht auf natürliche Weise entstehen, während die drei erstgenannten in der Natur vorkommen und freigesetzt werden.

In absehbarer Zeit wird es keine FCKWs mehr in der Luft geben, dann hängt der Treibhauseffekt von Kohlendioxid, Methan und Lachgas alleine ab. Die beiden letzteren nehmen mit rund einem Prozent pro Jahr doppelt so schnell zu wie das Kohlendioxid, weil ihre Hauptquellen aus der Landwirtschaft kommen. Methan wird in den Mägen von Wiederkäuern (wie etwa Rindern) gebildet und freigesetzt. Auch beim Reisanbau entsteht es, wie auch das Lachgas, als sogenanntes »Sumpfgas«. Kohlendioxid wird bei allen Zersetzungsvorgängen von organischen Stoffen, bei Pflanzen wie bei toten Tieren, frei. Der allergrößte Teil des zirkulierenden Kohlendioxids gehört damit zum natürlichen Kreislauf. Die Schlußfolgerung erscheint so logisch wie unausweichlich: Das Problem steckt in der Verbrennung der fossilen Energieträger – sie liefern jene zusätzliche Menge an CO_2, die das »Zuviel« ergibt. Die Nutzung der fossilen Brennstoffe erwärmt die Lufthülle der Erde und verändert das Klima. Scheinbar geringfügige Veränderungen erzeugen gewaltige, nachhaltige Wirkungen! Gerade dies ist kennzeichnend für die Ökologie, für den Haushalt der Natur: natürliche Vorgänge schaukeln sich auf. Aus unbedeutenden, kaum wahrnehmbaren

Anfängen ergeben sich fast urplötzlich große Veränderungen. Für Gegenmaßnahmen muß folglich an der Quelle angesetzt werden, dort, wo das Zuviel erzeugt wird: Die fossilen Brennstoffe werden vor allem in den »entwickelten« Staaten, den Industrieländern, verbraucht. Also auch von uns Europäern. Allen voran aber verbrauchen die US-Amerikaner allein mehr als ein Viertel der Energie, die der gesamten Weltbevölkerung (von der sie aber nur ein Zwanzigstel stellen) zur Verfügung steht. Beim Pro-Kopf-Verbrauch stehen ihnen die Europäische Union und Japan kaum noch nach. Diese »großen Drei« trifft die Hauptschuld an der Klimaveränderung und sie müßten deshalb auch die Hauptlast der Folgen tragen. Das Kyoto-Protokoll folgt dieser Argumentation und verpflichtet die Hauptverbraucher, ihre Energieverschwendung zu drosseln, bietet aber den Dritte-Welt-Ländern mit geringem Energieverbrauch pro Kopf die Möglichkeit, Ausgleichsflächen in Form von Wäldern für ihre »Freibeträge« einzusetzen oder gar mit den Großverbrauchern im Gegenzug zu tauschen. Daß sich dabei die besonderen Energieverschwender nicht gerne beteiligen, liegt auf der Hand. Und welcher Bezug zur globalen Ökologie eigentlich gegeben ist, wird nicht so leicht ersichtlich. Was bedeutet so ein Vorhaben für die Zukunft des Planeten Erde oder für die Zukunft der Menschheit?

Der Erdgipfel von Rio 1992 hat dies mit dem Begriff der Nachhaltigkeit (*sustainability*) oder nachhaltige Nutzung: (*sustainable use*) klarzustellen versucht. Die Lebensbedingungen der Erde, ihre natürlichen Ressourcen, sollten so genutzt werden, daß sie sich selbst erneuern und ihre Leistungsfähigkeit behalten können. Nun kann es aber einfach deswegen keine nachhaltige Nutzung von Kohle, Erdöl und Erdgas geben, weil deren Neubildung Jahrmillionen in Anspruch nehmen würde. Sie können nur verbraucht oder an Ort und Stelle belassen werden. Regenerieren, sich also selbsttätig wieder erneuern, können sich diese Produkte einer gigantischen pflanzlichen Überschußproduktion längst vergangener Erdzeiten nicht. Auch der Mensch kann sie nicht regenerieren. Er kann lediglich ihren Verbrauch verlangsamen und auf eine möglichst lange Zeitspanne hinausdehnen. Wie das bewerkstelligt werden könne und wozu es nötig sei, formulierte 1972 Dennis Meadows vom »Club of Rome« im weltweit beachteten Buch »Die Grenzen des Wachstums«. Seine Prognosen hielten nicht einmal ein Vierteljahrhundert. Schon 20 Jahre nach den »Grenzen« mußte Dennis Meadows mit zwei Mitautoren »Die neuen Grenzen des Wachstums«, mit noch mehr Computersimulationen und noch besseren Prognosen, folgen lassen. Die Kernthese, daß die Erde und ihre Ressourcen endlich seien und daher unweigerlich erschöpft würden, wenn nicht anders gewirtschaftet würde, wurde dabei nicht wesentlich verändert. Verschoben wurden die alten Grenzen in Richtung auf die »neuen«, weil es notwendig war: Die Wirklichkeit hatte die Prognosen zu rasch als unzureichend entlarvt. Die »Grenzen des Wachstums« waren nicht vor der Jahrtausendwende erreicht worden und es wurde deutlich, daß es weder »die Grenzen« noch »das Wachstum« gibt. Die Wirklichkeit von Mensch und Erde ist weitaus komplexer. Das »Projekt Zukunft« verliert rasch an Konturen, sobald es konkreter gefaßt werden soll.

Die wirklich wichtigen, weltpolitisch bedeutsamen Änderungen im ausgehenden 20. Jahrhundert waren nicht vorhergesagt worden. Die Erde mit ihrer Menschheit entspräche eben einem »chaotischen System«, wurde als Ausweicherklärung festgestellt. Sobald sich irgendeine Rahmenbedingung ändert oder unerwartet geändert wird, bewegt sich das gesamte System in eine ganz andere, nicht vorhergesehene Richtung. Was wohl stimmen mag. Doch was bringt diese Erkenntnis für Planung und Aktion? Wie können wir dann wissen, was zu tun ist?

Sparsam mit den Ressourcen umzugehen, wäre auf jeden Fall, und ganz unabhängig von irgendwelchem drohenden Unheil, vernünftig gewesen – nicht zuletzt auch ökonomisch sinnvoll, etwa wenn die Kraftfahrzeuge weniger Treibstoff pro Fahrkilometer verbrauchten, und damit wirkungsvoller den eingesetzten Kraftstoff umsetzten. Bei einer Verminderung des Wasserverbrauchs hätte gleichfalls eine Einsparung erzielt werden können, und die Wasserpreise hätten nicht angehoben werden müssen. Beispiele dieser Art gibt es zuhauf. Der Einzelne fragt sich daher zu Recht, wozu denn die Maßnahmen eigentlich gut seien. Geht es wirklich um die Rettung der Welt oder – wie bei der »Energiesteuer«– lediglich um ein Auffüllen von Löchern in den Staatskassen unter dem Deckmäntelchen des globalen Umweltschutzes?

Auf der internationalen Ebene ist dies keineswegs anders. Tatsache ist, daß die Tropenwälder in katastrophalem Ausmaß vernichtet werden: in einem einzigen Jahr eine Fläche, die größer ist als der gesamte Waldbestand in Deutschland. Daß Wälder von der Größe des ganzen Schwarzwaldes auf einmal in Flammen aufgehen, findet die internationale Berichterstattung längst nicht einmal mehr einer Erwähnung wert. Man hat sich daran gewöhnt. Wieviele Arten von Tieren und Pflanzen dabei unwiederbringlich verschwinden, bleibt verborgen, weil diese, wie oben beschrieben, gar nicht rechtzeitig vor ihrer Vernichtung erfaßt und beschrieben werden können. Wiederum ganz folgerichtig einigte man sich – allerdings nur formal – auf dem Erdgipfel von Rio 1992 und 2002 in Johannesburg darauf, die Vernichtung der Biodiversität zu stoppen. Um zu konkreten Maßnahmen zu kommen, wären Einschränkungen nötig, die gerade die Staaten mit bedeutenden Tropenwaldbeständen als unzumutbar erachten. Das böse Wort vom »Öko-Kolonialismus« kam auf. Vorwürfe dieser Art verstummen nur dann, wenn entsprechend hohe Summen Geld als Gegenleistung von den reichen Staaten geboten werden: Eine neue Form von altbekannter Entwicklungshilfe und wie diese ohne Sicherheiten und Garantie, daß die Wälder tatsächlich langfristig geschont werden. Schlimmer jedoch ist, daß die Tropenländer in aller Regel den Sinn und Zweck der Maßnahmen gar nicht einsehen. Es entsteht eine ähnliche Situation wie in unserer Landwirtschaft, der im Rahmen von sogenannten »Flächenstillegungen« Geld für Nichtstun bezahlt wird, nur um eine gewisse Zeit zu überbrücken. Gute, dauerhafte und im Sinne von Rio »nachhaltige« Lösungen können das nicht sein.

So blieb es auch im Jahrzehnt nach Rio weitestgehend bei diesen Absichtserklärungen. Ihr Wert wurde entscheidend dadurch vermindert, daß die Hauptbefürworter der Biodiversitätskonvention selbst in diesen zehn Jahren so gut wie nichts an Verbesserungen zustande brachten. Musterbeispiel im schlechtesten Sinne ist Deutschland, wo selbst die bloße Benennung der »Fauna-, Flora- und Habitat-(=Lebensraum)Gebiete« (FFH-Gebiete genannt) so verzögert und so schleppend vonstatten ging, daß die EU-Kommission eingreifen mußte, um wenigstens formal etwas zu erreichen. Natürlich sollen, wie immer, die anderen das Nötige machen – selbst möchte man nicht betroffen sein. Allzu ernst scheint also hierzulande das »Projekt Zukunft« nicht genommen zu werden. Wer mag da auf eine bessere Einsicht im größeren und viel ärmeren Teil der Welt hoffen?

Am peinlichsten verhält es sich in dieser Hinsicht mit dem Begriff der Nachhaltigkeit. Er blieb seit seiner Konzeption in Rio das, was er von Anfang an war: eine Leerformel, die gar nicht mit Inhalt gefüllt werden konnte. Weil niemand sagen, geschweige denn vorschreiben kann, was »Nachhaltigkeit der Entwicklung« sein soll. An Positivbeispielen mangelt es. Die Entwicklung des Automobils und die Motorisierung großer Teile der Menschheit war ohne Zweifel eine nachhaltige Entwicklung – sie hält nun schon rund ein Jahrhundert lang an. Das Wachstum der Riesenstädte scheint, allen Prophezeihungen, die ihren alsbaldigen Zusammenbruch ankündigten, zum Trotz, ungebrochen und höchst nachhaltig. Von wenigen Tausend Menschen bevölkerte Siedlungen wuchsen innerhalb weniger Jahrzehnte zu vielen Millionen umfassenden Mega-Cities. Ihre Attraktivität scheint ungebrochen. Offenbar bieten sie den Menschen, die in die Ballungsräume ziehen, doch mehr Positives als Negatives. Denn die Menschen, auch die Slumbewohner, wägen durchaus Vor- und Nachteile gegeneinander ab – genauso wie Landwirte oder Staatsforstverwaltungen, die »ihre« Fläche nicht in die FFH-Gebiete aufgenommen sehen möchten, weil das Einschränkungen in der Nutzbarkeit, in ihrer Flächenverfügbarkeit bedeuten könnte. Oder wie die Autofahrer, die trotz erhöhter Kraftstoffsteuer nicht weniger fahren, um nach den Gesetzen des freien Marktes den besteuernden Staat zur Senkung zu zwingen. Warum auch? Wird doch der Gutwillige, der sich umweltgerecht verhält, dafür mit erhöhten Kosten und Steuern bestraft: Der Kraftstoff für die saubersten, mit bestmöglichem Katalysator ausgerüsteten PKWs ist am teuersten; am billigsten fährt, wer schmutzigen Diesel benutzt oder gar mit landwirtschaftlichen Fahrzeugen oder Lastkraftwagen unterwegs ist. Noch billiger ist es, mit Uralt-Motoren in Südamerika, Indien oder in anderen, ganz armen Entwicklungsländern motorisiert unterwegs zu sein. Bildet sich, wie im Sommer 2002, eine gigantische Smogwolke über Südostasien, demonstriert dies global die Unausgewogenheit der Lage. Es zahlt sich nicht aus, sich umweltgerecht zu verhalten. Im Gegenteil: Man zahlt dafür! Es ist wie in früheren Zeiten, als Ablaß gezahlt wurde, um Vergebung der Sünden zu erlangen . Das war damals wie heute einträglich: damals für die Kirche, heute für den Staat. Besser lebte und lebt, wer sich nicht um die angeblich drohende Zukunft kümmert, sondern unbekümmert hier und jetzt das Beste aus seinem Leben zu machen versucht.

Das läßt sich auf die Kurzformel bringen: Die Zukunft ist dann gut, wenn sie etwas Gutes bringt. Was könnte das sein? Eine »heile Welt der Ökologie«? Eine bessere Welt? Den düsteren, dräuenden Zukunftsprognosen fehlt ihr positives, ihr attraktives Gegenstück. Die Großreligionen bieten als Lohn für Wohlverhalten in der Gegenwart der Welt und in der Zukunft bis zum Tode wenigstens ein Paradies im Jenseits an.

Warum, so könnte man hintersinnig fragen, bieten uns die Propheten nicht eine schöne Zukunft als Modell? Oder nur höchst selten? Das ist höchst unrealistisch, wie ein uns noch allen geläufiges Beispiel zeigt: Helmut Kohl wurde auf das Heftigste kritisiert, weil er bei der Wiedervereinigung, jenem nicht vorhergesagten, nicht erwarteten Ereignis, den Menschen in Ostdeutschland »blühende Landschaften« versprochen hatte. Die jahrzehntelange Drohung mit der angestrebten Weltherrschaft des Kommunismus war dagegen ungleich wirkungsvoller. Daß das Sowjetsystem scheinbar urplötzlich in sich zusammenbrach und dem »Westen« den großen Feind wegnahm, war weder prognostiziert worden, noch vielleicht so recht erwünscht. Niemand hat offenbar all die falschen Prognosen zur Gefährdung durch den Kommunismus und die Sowjetunion auch nur annähernd so verdammt wie die »gute« Vorhersage des damaligen Bundeskanzlers – obwohl er im ökologischen Sinn ironischerweise mit dem Blühen von Blumen buchstäblich recht gehabt hatte: Sie blühen dort besonders stark, wo Mangel herrscht (Mangel an Nährstoffen im Boden und geringe Intensität der Bewirtschaftung). Ein falsches Klischee hat sich in unseren Köpfen festgesetzt: daß buntes Blühen und über duftenden Wiesen gaukelnde Schmetterlinge Fruchtbarkeit der Landschaft ausdrücken würden. Genau das Gegenteil trifft zu! Wo Fülle regiert, macht sich Einförmigkeit breit, geht die Vielfalt zurück und Artenschwund ist zu beklagen. Einförmige Wirtschaftswälder wie etwa Fichten-Plantagen, sind zwar hoch produktiv an Holz, aber stark verarmt an Arten. Nur unter besonderen, für die Nutzung durch den Menschen nicht gerade einfachen Verhältnissen verbinden sich Vielfalt und Produktivität, so etwa im Auwald. Hochwasser als Katastrophen sind dazu garantiert! Oder dort, wo produktive Verhältnisse ganz allgemein unregelmäßig starken »Störungen« ausgesetzt sind. Katastrophen eben! Entwickeln sich allzu »blühende Landschaften«, magert das Land ab. So schön das auch sein mag, gewollt ist das in aller

Regel nicht. Schönheit gerät zum Beiprodukt der Übernutzung, der Ausbeutung und die populäre Ökologie gerät in eine Falle, aus der sie sich nicht so leicht herauswinden kann. Denn Wunsch(vorstellungen) und Wirklichkeit klaffen gerade dann erschreckend weit auseinander, wo es um Gestalterisches, um die Zukunft geht, wo Soll-Werte erreicht werden sollen – sei es nach Plan oder nach Wunsch. Die Natur als begriffliche Zusammenfassung des vom Menschen nicht Gewollten und Gesteuerten kümmert sich offenbar nicht um solche Wunschvorstellungen. Sie macht, was sie macht und läßt keinen Zweck dahinter erkennbar werden.

3. Ökologie: Zustand und Sollwerte

Die wissenschaftliche Ökologie schleppt nach wie vor eine Erblast mit sich herum: Sie wurde zwar vor gut einem Jahrhundert als »Wissenschaft vom Haushalt der Natur begründet«, doch der Hauptbegründer, der deutsche Biologe Ernst Haeckel, hatte noch keine rechte Vorstellung davon, was aus dem von ihm benannten Kinde eigentlich werden sollte. Im Jahre 1866, damals selbst noch in jungen Jahren, prägte er den Begriff der Ökologie als der »gesamten Wissenschaft von den Beziehungen des Organismus zur umgebenden Außenwelt«. Als er vier Jahre später, 1870, die Ökologie »die Lehre von der Oeconomie, von dem Haushalt der thierischen Organismen« kürzer, und wie es schien, präziser, benannte, vergaß er dabei die zweifellos wichtigste Lebensgrundlage überhaupt: die Pflanzenwelt.

Von einem Biologen »geschaffen«, der sich weitaus mehr mit dem Problem des Werdens der Organismen, mit der Evolution, als mit den Umweltbeziehungen befaßte, fristete die Ökologie innerhalb der Biologie lange Zeit, fast ein Jahrhundert lang, ein ziemliches Nischendasein. Wer »ökologisch« arbeitete, mußte hinaus in die Natur und forschte nicht unter kontrollierten Bedingungen im Labor. Die Befunde glichen selten den Meßwerten, wie sie andere, aufstrebende Forschungsbereiche der Biologie zusammentrugen. Und schon damals, um die Wende vom 19. zum 20. Jahrhundert, war in biologischen Forschungskreisen ziemlich klar, daß in der Ökologie sehr viel Spekulatives steckte, das harter naturwissenschaftlicher Überprüfung nicht standhalten konnte. Die Feldforschungen in der Natur und ihre Bedeutung hatten mit dem Problem der Nichtabgrenzbarkeit zu kämpfen, weil alles mit allem in Verbindung zu stehen schien. Daß etwas an einem Ort so und an einem anderen Ort anders war, verwunderte die Ökologen nicht. »So ist eben die Natur«, war ihre Schlußfolgerung: »vielfältig und verschiedenartig wie die Artenvielfalt selbst«. Daß ihre Forschungsergebnisse eher verwirrten und für praktische Anwendung nicht nutzbar waren, ließ sich mit der unzulänglichen Ausstattung mit Forschungsmitteln und der Kürze der Untersuchungszeiten leicht begründen. Man müßte nur länger und gründlicher forschen können, dann würde man schon erfahren, wie es in der Natur wirklich zugehe.

Es ließ sich leicht zeigen und schwer widerlegen, daß in der Natur »draußen« viele Arten von Tieren und Pflanzen und Mikroben an einem Ort, in einem Gebiet, zusammenleben und Beziehungen untereinander aufbauen. So entstand früh schon in der Geschichte der Ökologie das Konzept der »Lebensgemeinschaft« oder »Biocoenose«. Der wissenschaftliche Fachausdruck »Biocoenose« war dem Griechischen entlehnt worden und sollte darauf verweisen, daß die beteiligten Arten »zusammen speisen«, also von denselben Grundlagen leben und um diese auch wetteifern beziehungsweise konkurrieren. Das schwebte wohl auch Ernst Haeckel vor, als er auf die »thierischen Organismen« in seiner Definition der Ökologie besonders abhob und die Pflanzen, die er ja als Nahrungsgrundlage, als »Futter« betrachtete, einfach wegließ. Ihre Existenz war für ihn ebenso klar wie die Notwendigkeit von Luft und Wasser, Mineralien und Sonnenlicht. Von Anfang an aber fehlte eine Methode oder Vorschrift, wie das, was man draußen in der Natur untersuchte, eigentlich abgegrenzt werden sollte. Im Labor gab es diese Schwierigkeit nicht, denn dort arbeitet die Forschung automatisch »abgegrenzt« mit ihren Apparaturen und in ihrer Vorgehensweise zerlegend und analytisch. Genau dieser Unnatürlichkeit der Bedingungen wollte jedoch die Ökologie wissenschaftlich entgegen wirken. Das Tier und dann auch die Pflanze(n) sollten in ihren Lebensäußerungen und -bedürfnissen in ihrer natürlichen Umwelt studiert werden. Nur so, davon waren die Ökologen überzeugt, ließe sich ihre Lebensweise verstehen. Dementsprechend nahm auch jener Teil der Ökologie einen raschen Aufschwung, der sich mit einzelnen Arten von Lebewesen befaßt. Aber gerade damit löste sie die Forschung wieder aus ihrem Verbund mit anderen Arten heraus, um den es Ernst Haeckel und den frühen Ökologen ging. Die ersten zwei Drittel des Zeitraums, in dem die Forschungsdisziplin Ökologie existiert, führten in diese Sackgasse – mit immer besseren, immer genaueren Kenntnissen zu den besonderen Lebensansprüchen einzelner Arten, die umso isolierter von den anderen behandelt wurden, je tiefer die Forschung in ihr Leben eindringen konnte.

Als dann, vornehmlich durch eine Gruppe amerikanischer Ökologen um die Brüder Odum, ein ganz anderer, sehr formalistischer Ansatz formuliert wurde, schien mit der Entwicklung des »Ökosystem«-Begriffs der lang ersehnte Durchbruch geschafft: Lebewesen untereinander bilden zusammen mit ihrer nicht lebendigen Umwelt ein System, in welchem Stoffe (Materie) ausgetauscht werden und Energie fließt, die das ganze System gleichsam antreibt. Pflanzen und Tieren kommen damit »Rollen« oder Funktionen in diesem Austausch von Stoffen und im Durchfluß von Energie zu. Damit wurden sie scheinbar mathematisch-physikalisch »faßbar«. Und da ein »System« nur dann »richtig« funktioniert, wenn alle Teile »in Ordnung« sind, was bedeutet, daß sie am rechten Platz zur richtigen Zeit in der passenden Menge vorhanden sein müssen, führte dieser (amerikanische) Systembegriff fast zwangsläufig in eine ganz andere Richtung – in die eines Systems nämlich, das (nur) deswegen funktioniert, weil Soll- und Zielwerte richtig eingestellt sind und nicht allzusehr von dieser richtigen Einstellung abweichen (so wie sich beispielsweise bei einem Kühlschrank nach einer entsprechenden Erhöhung der Temperatur die Kühlung wieder einschaltet, bis der Sollwert etwas unterschritten ist, was zum Ausschalten führt). Das »System« pendelt daher in mehr oder minder fein abgestimmter Weise, je nach technischem

Stand und Standard, um den eingestellten Soll- oder Zielwert. Natürliche Schwankungen, wie sie etwa die Außentemperaturen verursachen, werden von diesem Regelsystem fast bis zu einem Zustand der Gleichförmigkeit abgepuffert. (Funktioniert der Kühischrank gut, ist es gleichgültig, wie warm oder wie kalt es draußen wird. Er hält die eingestellte Temperatur.)

»Regelkreise« über die so bezeichnete »negative Rückkoppelung« spielen daher – so die Annahme – im Naturhaushalt eine überragende Rolle. »Negative« Rückkoppelung wird sie deshalb genannt, weil jede Abweichung eine korrigierende Gegenreaktion auslöst und sich nicht etwa selbst verstärkt. Eine Selbstverstärkung (»positive Rückkoppelung«) gibt es zwar auch, aber vornehmlich innerhalb einzelner Arten von Organismen. Diese vermehren sich »exponentiell« und scheinen sich der Kontrolle durch die gegensteuernden Maßnahmen ihrer Feinde, Konkurrenten, Parasiten oder Krankheitserreger zu entziehen, indem sie sich umso schneller vermehren, je mehr von ihnen schon da sind. Bei Tieren und Pflanzen (oder Mikroben, unter deren Fähigkeit zu positiver [Selbst]Rückkoppelung wir im Fall von Krankheitserregern zu leiden haben) können wir das leicht beobachten – angesichts unserer neuzeitlichen Bevölkerungsexplosion auch bei Menschen.

Die Systeme in der Natur, die »Ökosysteme«, wirken diesen Vermehrungstendenzen der einzelnen Mitglieder ihrer Artengemeinschaften entgegen und erzeugen dadurch das, was nicht eingängiger hätte formuliert werden können als mit: »Gleichgewicht in der Natur«. Dieses Gleichgewicht, besser die Vielzahl der Gleichgewichte, die sich auf ganz natürliche Weise einstellen, erhält die Natur funktionstüchtig. Es garantiert, daß das Leben auch morgen, auch in hundert oder tausend Jahren, lebensgemäße Bedingungen vorfinden wird. Der Vorbildcharakter für uns Menschen und unseren Umgang mit der Natur lag damit auf der Hand. Wir brauchen nur auf die »Mutter Natur« zu schauen und ihr »gehorchen«, wie es sich ziemt – und unsere

Zukunft wird gesichert sein. Schließlich hatte die Natur ja schon die Fährnisse vieler Jahrmillionen überstanden und war mit diesem System gut gefahren. Das Leben hat überlebt, weil es ins Gleichgewicht mit der Natur gefunden hat. Das wurde als das Erfolgsrezept des Lebens angesehen, das war das Vorbild. Alles andere führte – da nicht überlebensfähig – unweigerlich in die Katastrophe!

Damit kam Moral in die Geschichte, weil unversehens und allzu selbstverständlich das »Sein« mit dem »Sollen« verwechselt wurde und sich Ökologie zum Ökologismus, zu einer Lebens- oder Heilslehre verwandelte, ohne daß dies vielen Ökologen so recht bewußt werden konnte – wollten sie doch mit ihrer Forschung dazu beitragen, die Erde mit ihrer Lebensvielfalt zu retten und lebenswert zu erhalten. Gute Absichten können aber bekanntlich nicht vor Irrwegen schützen.

Diesen Irrweg beschritten Anhänger der Ökologie, als sie den »neuen« Begriff des Ökosystems, so wie er in den 50er Jahren des 20. Jahrhunderts in der ökologischen Forschung entwickelt worden war, für ihre Zielsetzungen in Beschlag nahmen, da sie dabei nicht beachteten, wie so ein »Ökosystem« tatsächlich »zustande gekommen war«.

Es ging der neuen Ökosystemforschung zunächst um nichts anderes, als um das möglichst genaue oder entsprechend sinnvolle Messen von Energieflüssen und Materialkreisläufen in Ökosystemen. Die »Systeme«, die sie dazu benutzten, waren entweder von Natur aus schon ziemlich gut abgegrenzt, wie etwa eine große Quelle, ein See oder eine Waldinsel inmitten von landwirtschaftlich genutzter Kulturlandschaft, oder sie wurden einfach um des Forschens und Messens willen entsprechend passend abgegrenzt. Ein Quadratmeter Wiese läßt sich mit der Vorgehensweise der Ökosystemforschung genauso durchforschen wie ein Quadratkilometer Wald, abgesehen davon, daß die Pflanzen auf dem Wiesenstück entsprechend kleiner sind als die Bäume im Wald. Reich an Insekten und anderen Kleintieren sind beide; auch brauchen beide Energie aus Sonnenlicht, Wasser, mineralische Nährstoffe sowie das Kohlendioxid zum Aufbau organischer Stoffe. Kurz: Wie groß oder wie klein die Ökosystemforschung ihre Untersuchungsgebiete wählt, hängt von ihrer Fragestellung ab. Die Natur als solche gibt die Größe nicht vor und schon gar nicht irgendwelche »Einheiten«, die als Ökosysteme wirken würden oder sollten. Sie ist allseitig offen und nicht begrenzt. Die Grenzen zieht die Forschung, nicht die Natur.

Dies festzuhalten ist von ganz entscheidender Bedeutung für die Anwendung des Ökosystemkonzepts und für die Bedeutung einer Ökologie, die darauf – und damit auf falschen Voraussetzungen – aufbaut. Bedeutet es doch, daß es Ökosysteme eigentlich nicht gibt! Sie sind gleichsam eine Erfindung des Menschengeistes, aber keine »Funktionseinheiten der Natur« als die sie oft bezeichnet worden sind. Ökosysteme entsprechen daher auch nicht einem Lebewesen, und sie sind nicht etwa »Super-Organismen«. Im Gegensatz zu einem Organismus fehlt ihnen die Begrenzung ihrer Innen- gegen die Außenwelt, eine zentrale Funktionssteuerung, die ihnen, wie einem richtigen Lebewesen, vorgibt, was zu tun und zu leisten oder zu meiden sei, und sie können sich auch nicht fortpflanzen. Es gibt daher weder Generationen von Ökosystemen noch Abkömmlinge davon.

Die (weitgehende) Gleichstellung von Ökosystemen mit Organismen führte zu einer Reihe gewichtiger Fehlurteile, die sich bis hin zu modernsten Prognosen, etwa bei Klimawandel und Artenschwund, verfolgen lassen. Näheres dazu wird später ausgeführt (siehe Seite 66f.). Zunächst ergibt sich aus den aufgeführten Feststellungen, daß es keinen Sinn ergibt, vom Zusammenbruch von Ökosystemen, von ihrer Gefährdung oder Belastung zu sprechen, können doch diese offenen Systeme eine Vielzahl höchst unterschiedlicher, ineinander übergehender Zustände einnehmen. Einen bestimmten »Sollwert« haben sie nicht – den kann höchstens der Mensch (welchen und mit welcher Begründung und Berechtigung?) ihnen zuweisen, wenn gefordert wird, dieses Ökosystem müsse in gerade diesem, eben bekanntgewordenen Zustand, erhalten werden und dürfe keiner Störung und Belastung ausgesetzt sein.

Wenn sich in der Natur scheinbar (weil nicht genauer untersucht worden ist) oder tatsächlich kaum eine Veränderung ergibt, so hat sich das lediglich aufgrund der Rahmenbedingungen so ergeben – nicht, weil es so sein müßte! In dieser Verknüpfung liegt das Kernproblem: Sie ist es, die die naturwissenschaftliche Ökologie zu einem Wertesystem umfunktioniert. So erstrebenswert es auch im konkreten Fall sein mag, etwa einen See nicht zu verschmutzen oder einen natürlichen Wald in seiner natürlichen Artenfülle zu erhalten, so wenig haben diese Zielvorgaben mit Naturhaushalt oder Funktionstüchtigkeit der Natur zu tun. Die Natur ist keine Person und auch nicht aus Personen zusammengesetzt. So bleibt es für »die Natur« gleichgültig, wie sie sich verändert (und das geschieht andauernd). Manche Veränderung entgeht auch dem schärfsten Auge, weil sie sich in zu kleinen Bereichen vollzieht: Etwa wenn in einer Pfütze in wenigen Wochen zahlreiche Generationen von mikroskopisch kleinen Algen und Tierchen aufeinanderfolgen und wir doch nur eine Pfütze erkennen können, die langsam kleiner wird oder vom nächsten Regen wieder neues Wasser bekommt. Anderes entgeht uns, weil die Zeitdauer von Generationen und Veränderungen für unsere eigene Lebensspanne viel zu lang ist: So zum Beispiel, wenn sich die Wälder in ihrer Baumartenzusammensetzung verändern – was in Mitteleuropa in den letzten 10.000 Jahren in großem Umfang tatsächlich der Fall war. Das heutige Waldbild wäre auch bei einem in größerem Umfang noch vorhandenen »Urwald« gar nicht so »urtümlich«, sondern lediglich eine Zeitaufnahme von ein paar Baumgenerationen.

Wir werden also die Zeit und ihre Bedeutung zu beachten haben, wenn wir Änderungen aus der Vergangenheit heraus in der Gegenwart und ihre Bedeutung für die Zukunft beurteilen möchten. Wie grundfalsch sich dabei die Vorstellung vom Gleichgewicht in der Natur erweist (und daß darin alles seinen rechten Platz, gute Ordnung und Richtigkeit habe), geht aus einem anderen, längst ganz zentral gewordenen Bereich der Biologie hervor – dem der Evolution, dem Werden der Organismen in der Entwicklungsgeschichte des Lebens.

Veränderung, Evolution kennzeichnet das Leben auf der Erde und seinen Erfolg; nicht das Verharren in der Unbeweglichkeit von »natürlichen Gleichgewichten«. Wer auf einem bestimmten Zustand verharren möchte oder diesen als den besten aller möglichen Zustände betrachten will, hat das Leben gründlichst mißverstanden. *Panta rhei* (»Alles fließt«) – wußten schon die alten Griechen. Zwei Jahrtausende später scheint ihr Wissen um den Gang der Dinge in der Natur eher fremd geworden zu sein. Gemeint sind nicht nur die vielbeschworenen Gleichgewichte, aus denen die Natur nicht gebracht werden dürfe, sondern auch die Ungleichgewichte, aus denen heraus Leben möglich und überlebensfähig geworden ist. Manches weist darauf hin, daß dies auch für die Systeme zutrifft, die der Mensch geschaffen hat; auf seine Kulturen und soziologischen Strukturen, auf sein Wirtschaften und die Entwicklungen politischer Systeme.

So ist an dieser Stelle entschieden zu betonen, daß die naturwissenschaftliche Ökologie mit ihren Forschungen und Befunden keine Feststellungen trifft, wie natürliche Abläufe sein sollen. Wertungen knüpfen sich an Erwartungen oder Nutzungen. Sie gehen davon aus, was für uns (zumeist) oder für ein von uns geschätztes Lebewesen (das wir deshalb schützen oder fördern wollen) gut oder schlecht ist. Sie können sich nicht am Naturhaushalt orientieren, da diesen niemand genau kennt oder festlegen kann. Selbst die gründlichste, die umfassendste Aufnahme des gegenwärtigen Zustandes in der Gesamtheit der Natur wäre mit ihrem Abschluß schon längst wieder überholt und damit Geschichte. Denn die Veränderungen laufen weiter, ob sie uns bequem sind oder nicht. Das Leben hat sich auf diese Veränderlichkeit eingestellt: Ergebnis dieser Einstellung ist die Evolution. Ohne sie gäbe es uns Menschen nicht – und vermutlich überhaupt kein Leben. So spannend die Abläufe in der Natur auch sein mögen, sie sagen nichts darüber aus, was wir wollen sollen. Darüber müssen wir selbst mit uns ins reine kommen – und gegebenenfalls mit der Natur, wenn wir dabei in ihre Abläufe eingreifen. Auch der Versuch, die Natur zu bremsen, stellt einen Eingriff dar. Das sollte all jenen bewußt werden, die sich vehement gegen Veränderungen zur Wehr setzen und dabei mit der »Unverträglichkeit« mit dem »Naturhaushalt« argumentieren oder drohen.

Ökologie ist eine kraftvolle, sicherlich für die ganze Menschheit bedeutsame Wissenschaft. Sie kann und muß durch die genaue Erforschung der Vorgänge herausfinden, was geschieht und warum es sich so abspielt. Doch sollte sie nicht zu einem Ökologismus degradiert oder als Ersatzreligion mißbraucht werden. Dies gilt insbesondere, wenn andere den Werten und Zielen dieser Öko-Religion folgen sollen oder gar folgen müssen. Der Schritt zur Öko-Diktatur ist dann leicht zu vollziehen und schwer zu vermeiden.

Dies gilt es zu beherzigen, wenn man sich mit den Propheten und Prognosen, mit ihren Weissagungen oder Zukunftsmodellen auseinandersetzt. Und die unterschiedlichen Denk- und Betrachtungsweisen von (populärer, statischer) Ökologie und (dynamisch-perspektivischer) Evolutionsbiologie können vielleicht auch den Schlüssel zum Verständnis dafür liefern, warum wir so anfällig für Prognosen und so leichtgläubig sind – und so wenig nachtragend, wenn die Prognosen wieder einmal (wie fast immer) danebengingen.

4. Weissagungen

Propheten haben immer Hochkonjunktur. In schlechten Zeiten will man von ihnen wissen, wann und wie es besser wird. In guten ist es dagegen die Angst, es könne bald nicht mehr so weiter gehen, die einen Blick auf die Zukunft so erstrebenswert macht. Aber auch Neider provozieren düstere Voraussagen. Denn ist der Gipfel erreicht, kann es naturgemäß nur noch abwärts gehen. Und »die da unten« wollen auch »zu denen da oben«. Die Kassandras haben es daher immer gut: Opfer für ihre düsteren Vorhersagen werden sie reichlich finden.

So einfach ist das mit den Weissagungen – und doch nicht so einfach, wie es scheint. Daß jeder Mensch es besser haben oder wenigstens keine (weitere) Verschlechterung erfahren möchte, ist eine Binsenweisheit und genügt nicht, um die blinde Gläubigkeit zu rechtfertigen, mit der so viele Menschen Weissagungen aufnehmen, ohne auch nur im geringsten darüber nachzudenken, woher dieser Glaube rührt und warum die anderen eigentlich auch nicht besser wissen können, was da kommen wird.

Ein paar Beispiele mögen das verdeutlichen. Von alters her achten die Leute, vor allem die Landbevölkerung, auf die Vögel. Kommen die Wildgänse – vermeintlich oder tatsächlich – früher als üblich, wird ein baldiger harter Winter vorhergesagt. Vor zwei Jahrtausenden perfektionierten die Römer diese Art von Vogelschau, »Auspicium« genannt. Die (Vogel-) Kundigen, die »Auguren«, lasen aus dem Flug und Zugverhalten der Vögel die nähere Zukunft. Sie scheinen sich nicht allzu schlimm getäuscht zu haben, denn das Auspicium hatte Jahrhunderte Bestand.

Überhaupt gelten Tiere als Wetterpropheten.

Der Laubfrosch (im Glas) etwa – der angeblich hochsteigt, wenn das Wetter schön wird und hinab, wenn es sich verschlechtert – macht das gar nicht so schlecht, wie genauere Untersuchungen an der Sitzhöhe von Laubfröschen im Gebüsch ergeben haben. Tatsächlich ruhen die kleinen grünen Hüpfer bei Schönwetter deutlich höher und halten sich bei Schlechtwetter niedriger, oft kaum über dem Boden, auf. Auch die Schwalben fliegen auf der Luftjagd nach Fluginsekten niedriger, wenn der Luftdruck stark abfällt, während sie bei Hochdruckwetter aufsteigen und höher kreisen – wie auch die Insekten, von denen sie sich ernähren und die man »Luftplankton« nennt, weil sie vornehmlich mit den Luftströmungen getragen werden. Beispiele zum Einfluß des Wetters auf Vögel und andere Tiere, aber auch auf Blüten und Reaktionen von Pflanzen gibt es zuhauf. In ihnen steckt nichts Geheimnisvolles, bedauerlicherweise aber auch nichts besonders Aufschlußreiches. Denn, um den Laubfrosch nochmals heranzuziehen: Daß das Wetter sonnig und schön ist, wenn er höher im Gebüsch sitzt oder daß es regnerisch und kühl ist, wenn man ihn bodennah findet, bringt wenig Vorhersagewert mit sich – das Wetter ist ja bereits so! Dasselbe gilt für die Schwalben oder für die Scharen der Zugvögel, die herannahenden Fronten vorausziehen, diesen ausweichen oder die Gunst der Luftströmungen nutzen. Ihr Verhalten zeigt lediglich an, daß das Wetter schon so ist oder in geringer Entfernung vom Ort der Beobachtung sich so entwickelt hat. Das mag für den Landmann bedeutungsvoll (gewesen) sein, wenn es darum ging, am Spätnachmittag vor dem Kommen des Gewittersturms die Ernte oder das Heu noch schnell in Sicherheit zu bringen – oder für Seefahrer, um noch vor dem Sturm einen sicheren Hafen zu erreichen. Aber solche Beobachtungen besagen rein gar nichts über den kommenden Winter oder – im Frühjahr – darüber, wie der nächste Sommer werden wird. Unmittelbar Bevorstehendes kündigt sich auch mit den heute verfügbaren Möglichkeiten genauer Messung von Luftdruck, Temperaturabfall und -anstieg oder Luftfeuchte durchaus an und wird von vielen Lebewesen in für sie zutreffender Weise wahrgenommen. Verhalten sich Tiere oder Pflanzen entsprechend, zeigen sie an, daß die Änderung bevorsteht. Das kann so weit gehen, daß die Vogelforscher zum Beispiel von »Winterflucht« sprechen, wenn manche Vogelarten vor einem plötzlichen Schnee-Einbruch ausweichen und mit dieser »Flucht« anzeigen, was sich andernorts (nicht weit entfernt) ereignet hat. Doch wenn Ende Juli die Mauersegler, die vorher oft zusammen mit den Schwalben in den Lüften Insekten gejagt hatten, wie auf ein geheimes Kommando ihr Brutgebiet verlassen und nach Süden ziehen, wo sie vornehmlich in jener Zone überwintern, in der die tropischen Luftmassen zusammentreffen, folgen sie keiner Vorahnung eines streng werdenden Winters, sondern einem inneren, in ihrem Erbgut steckenden Programm.

Wenn aber Wildgänse oder andere Vögel nördlicher Breiten früh schon in großer Zahl kommen, vollziehen sie kein inneres Programm, das sie dazu zwingt: Bei diesen frühen Zügen ins Winterquartier haben entweder in ihren polnahen Brutgebieten zu schlechte Witterungsverhältnisse geherrscht oder sie hatten eine sehr günstig verlaufene Brutsaison und wurden daher frühzeitig bereit für den Abzug. Heute ist die Forschung in der Lage, solche Ursachen, also Verursachungen abweichenden Verhaltens, zu ermitteln und etwa zu klären, warum die Gänse so früh gekommen sind. Da aber der nächste Winter sicher im Anzug ist und durchaus die Möglichkeit besteht, daß dieser Winter besonders streng wird, wird eine Verbindung zwischen den beiden Ereignissen gezogen: das frühe Kommen der Wildgänse als Vorbote eines strengen Winters. Sollte der Winter mild ausfallen, sind die frühen Wildgänse schnell vergessen und die frühen Weidenkätzchen oder Schneeglöckchenblüten um die Weihnachtszeit als Vorboten eines milden Hochwinters im kommenden Januar und Februar gewertet.

Nun sind aber neben den Pflanzen insbesonders wenig bewegliche Tiere tatsächlich davon abhängig, sich rechtzeitig auf äußere Änderungen einzustellen. Ihr Lebensablauf im Jahreskreis muß sich in die äußeren Vorgänge einfügen, die fast über die ganze Erde – nur die dauerfeuchten inneren Tropen ausgenommen – jahreszeitlichen Schwankungen unterworfen sind. Dementsprechend gibt es sogenannte Jahresrhythmen, wie es auch die bekannteren Tagesrhythmen gibt, die selbst dann automatisch weiter laufen, wenn die äußeren Anreize (Zeitgeber) verändert sind oder nicht mehr wirksam werden können. Heutzutage kennen viele Menschen das Phänomen des »jetlag«, wenn sie per Flugzeug weit nach Osten oder Westen gereist sind und sich ihr Tagesrhythmus erst mit einigen Schwierigkeiten auf die neuen, veränderten Hell-Dunkel-Verhältnisse einstellt. Für Tiere und Pflanzen gibt es ganz entsprechende Phänomene. Sie zeigen die Eingebundenheit in die natürlichen Abläufe von Jahreszeit, Tageszeit oder auch in den Zusammenhang mit den Mondzyklen. In jahrmillionenlanger Anpassung konnten sich die Lebewesen auf diese Abläufe einstellen, weil sie hinreichend regelmäßig vonstatten gehen. Würde das Jahr unregelmäßig zwischen 365 Tagen und, sagen wir, nur 100 oder gar 1000 schwanken, würde eine jahresrhythmische Einstellung natürlich nicht funktionieren. Das ist kein absurder Vergleich, denn in manchen großen Wüstenregionen, vor allem in Inneraustralien, fallen tatsächlich die lebenswichtigen Niederschläge so unregelmäßig, daß sich die dort vorkommenden Vögel und andere Lebewesen eben nicht auf einen Jahreszyklus einstellen konnten. Für solche Verhältnisse wird das möglichst frühzeitige Erkennen eines nahenden Regens, wenn dieser so selten fällt, überlebensnotwendig.

Was sich aber im Verlauf von Jahren und Jahrzehnten, von mehreren bis vielen Generationen verändert, darauf kann sich das einzelne Lebewesen nicht einstellen, selbst wenn es, wie manche Bäume, ein Jahrtausend alt werden sollte. Plötzliche Änderungen, die in so langen Zeitmaßen vorkommen, werden dann zur Katastrophe, weil sie aus dem Rahmen des Üblichen und seiner Schwankungen fallen.

Ein kurzer Blick in die Natur führt uns vor Augen, um welch verschiedene Zeitskalen und Bedeutungen es sich handelt, wenn sich Lebewesen mit Änderungen auseinanderzusetzen haben. Daß sie das überhaupt können, kennzeichnet, wie bereits festgestellt, das Leben und seine Anpassungsfähigkeit.

Wie haben sich die Lebewesen auf die Unbeständigkeit der Natur eingestellt und was ist mit »Anpassungsfähigkeit« gemeint? Zusammengefaßt lassen sich anhand dieser Frage die beiden Grundeigenschaften des Lebens erklären: Kurzfristigen Änderungen begegnen Lebewesen direkt mit Verhaltensänderungen. Manche – vor allem Säugetiere, Vögel aber auch Menschen – können aus unerwarteten Ereignissen lernen und sich später daran erinnern. Auf langfristige Änderungen sowie Tages- oder Jahresrhythmen stellt die Natur die Lebewesen von außen ein. Ihre Methode erscheint uns ziemlich grausam – aber die Natur ist eben keine Person und erst recht kein denkendes Wesen, sondern das Zusammenspiel höchst unterschiedlicher Kräfte. Diejenigen Lebewesen, die ihr im Erbgut verankertes inneres Programm nicht richtig, das heißt nicht passend, auf die Abläufe in der Natur eingestellt haben, fallen im »Tauglichkeitstest« gleichsam durch und werden ausgesondert. In der Biologie drückt man das kürzer und prägnanter aus: Sie fallen der natürlichen Auslese (Selektion) zum Opfer. Die Überlebenden sind die Besseren, die von Generation zu Generation hohe Verluste erleiden, bis ihr genetisches Programm gut genug mit den Anforderungen der Umwelt übereinstimmt. So würde vielen inneraustralischen Vögeln (etwa wildlebenden Wellensittichen) bei der Unvorhersehbarkeit der Regenfälle ein klares Jahresprogramm, wie bei mitteleuropäischen Buchfinken oder Meisen, gar nichts nützen, sondern nur schaden, wollten sie, weil »Sommer« ist, brüten, obwohl es weder frisches Grün noch reifende Samen von Pflanzen gibt. Umgekehrt wäre der Beginn des Brütens bei Buchfink und Meisen im Oktober, weil gerade schönes Herbstwetter herrscht, offensichtlich verkehrt und für die Jungen fatal.

Selektion stellt die inneren Programme für die langfristigen Ereignisse ein, Verhaltensänderungen dagegen sind die kurzfristigen, unmittelbaren Reaktionen auf sich verändernde Außenbedingungen. Mit dieser Funktionsweise der Natur, der doppelten Absicherung in ihrem Überlebensprogramm fuhren die Lebewesen offenbar gut. Warum sind wir Menschen, die wir doch auch aus dieser Natur und ihrem Werden hervorgegangen sind, damit nicht zufrieden? Warum wollen wir mehr über die Zukunft wissen, als daß Sommer und Winter dem (scheinbaren) Gang der Sonne entsprechend aufeinanderfolgen, daß die Sonne wieder »aufgehen« wird, auch wenn die Nacht im Winter lange dauert oder daß auf Trockenzeiten Regen folgen wird. Jahr um Jahr kommt in der Beständigkeit der Wiederkehr, wie Tag um Tag.

Würde die Menschheit noch »in der Natur« leben wie bis vor gut 10.000 Jahren – so meinen sicherlich viele – wäre das Eingebundensein in die natürlichen Abläufe auch weiterhin eine Selbstverständlichkeit, und es gäbe keinen guten Grund, mehr über die Zukunft wissen zu wollen, als daß sie in steter Wiederkehr des Kreislaufes kommen wird.

Die Inbrunst, mit der – seit es Überlieferungen gibt – die Zeichen in der Natur gedeutet und zu Weissagungen benutzt wurden, verweist auf mehr; auf etwas, das dahintersteht und nicht mit den einfachen, natürlichen Schwankungen verbunden ist, die die Natur unvorhersehbar mit sich bringt. Sie verweist auf die inneren Rhythmen, die wir haben, derer drei sogar: den Tages-, den Monats- und den Jahresrhythmus. Und wir können sicherlich viel besser als jedes andere Lebewesen auf die kurzfristigen Schwankungen der Außenwelt reagieren und uns von ihnen weitgehend befreit halten. Wie kein anderes Lebewesen haben wir uns vom Diktat der Umwelt befreit, emanzipiert. Dennoch verfolgen wir den Wetterbericht so sehr, daß er für wert befunden wurde, jeweils zu den Hauptnachrichten hinzugefügt zu werden. Dennoch sind wir geradezu süchtig nach Katastrophen(-berichten), so daß diese und weniger die »guten Nachrichten« die Nachrichtensendungen füllen. Die Methode ihrer Übermittlung stammt zwar aus der modernen technischen Entwicklung, aber das Prinzip ist offenbar so alt wie die Geschichte der Menschheit, seit sie die Schwelle zur Kultur und Zivilisation überschritten hat. Vielleicht reichen die Wurzeln auch noch weiter zurück, doch es fehlt an Überlieferungen und Hinweisen, die für eine Interpretation sicher genug sind. Das »Voraus-Wissen-Wollen« steckt uns im Blut wie eine unstillbare Begierde, die nicht aufhört, wenn der Irrtum auch noch so augenfällig wird und mit einigen Erfolgserlebnissen nicht zufriedenzustellen ist.

Das ist unser, vielleicht ganz menschentypisches Prognose-Problem. Wir wollen »es« vorher wissen: *pro-gnoscere*, wie es im Lateinischen heißt und wovon unser so hoch geschätzter Fachausdruck für *Prognosen* stammt.

Merkwürdig genug verbindet sich dieses Voraus-Wissen-Wollen mit der direkten oder verborgenen Drohung der Katastrophe, der Umwälzung der vorherigen Ordnung in Zustand und Ablauf des Lebens. Prognosen und Katastrophen sind beim Menschen seit Urzeiten eine (unheilige) Allianz eingegangen. Gemeinsam entfalten sie ihre stärksten Wirkungen, auch dann, wenn die vorausgesagte Katastrophe gar nicht eintritt: Dann wurde sie dank der Prognose gerade noch rechtzeitig abgewendet. Kommt die Katastrophe aber, so wurden die Prognosen eben nicht ernst genug genommen – und recht geschieht es damit den Betroffenen. Sollen sie sich doch bessern!

Die Verbindung von Prognosen und Katastrophen erweist sich damit als unfehlbares, unschlagbares System. Nur wenn der höchst unwahrscheinliche Zustand eines hinreichend ereignislos-gleichmäßigen Fortgangs des Lebens eintreten sollte, würden Prognosen und ihre Propheten überflüssig. Doch selbst auf den paradiesischen Südseeinseln kann der Taifun kommen und das süße Leben (zer)stören. So bleibt als einzige Lösung das überirdische Paradies.

Vielleicht, so könnte man in streng biologischer Weise argumentieren, braucht die Menschheit deswegen die Propheten und Prognosen, weil das natürliche System der Einstellung auf die Schwankungen der Umweltbedingungen so viel Leben gekostet hat und weiterhin auch kostet. Die natürliche Selektion ist so unerbittlich, daß ihr bei allen Lebewesen weit mehr Organismen zum Opfer fallen als dem Alterstod. Genau das wollen wir Menschen aber verhindern. Wenn wir schon sterben müssen, dann wenigstens, nachdem wir vorher lange genug und gut genug gelebt haben. Evolutionsbiologisch könnte daraus eine sinnvolle Verknüpfung zustande gekommen sein. Je mehr wir uns der natürlichen Auslese entzogen haben, desto wichtiger wurde es, sich rechtzeitig auf die Fährnisse des Lebens einzustellen, um sie und die von ihnen womöglich mitgebrachten Verluste zu vermeiden.

Nichts würde sich dazu besser eignen als die Vorausberechnung der Umweltveränderungen. Denn das, was Wetter, Klima, Ressourcen und andere unbelebte Dinge aus der Natur betrifft, läßt sich zählen und messen, läßt sich modellieren und berechnen. Bei Verhaltensweisen von Menschen geht das bekanntlich nicht so leicht. Oft genug irren wir uns in Mitmenschen, weil diese aus eigennützigen Gründen vieles vortäuschen. Die Naturvorgänge täuschen nichts vor. Bei ihnen handelt es sich um »Fakten«. Auch dann, wenn sie nicht greifbar sind – wie die Temperatur der Luft – oder nur mit höchst raffinierten und technisch aufwendigen Meßverfahren ermittelt werden können. Im Grundsatz wären all diese Fakten aus der Natur nachprüfbar. Die Überprüfung oder die kritische Auswertung überlassen wir jedoch gern den Fachleuten, die das gelernt haben und können. Wir verlassen uns darauf – sie werden schon richtig gemessen und die Auswertung ordentlich vorgenommen haben.

Das (Berufs)Ethos der Naturwissenschaft verpflichtet sie eigentlich dazu. Wird es verletzt, weil jemand täuscht und falsche Fakten liefert, trifft das ungleich härter als bei »Nichtfachleuten«. Bei diesen sind wir gewöhnt, daß vorgetäuscht wird und jeder sich eigennützig verhält – und kalkulieren das ein. Forscher, die sich mit den Menschenaffen und dem Menschen selbst in dieser Hinsicht intensiv beschäftigt haben, sprechen, wie der Primatenforscher und Anthropologe Volker Sommer, vom »Lob der Lüge«. Genau das wollen wir aber in den faktischen Bereichen der Naturwissenschaft nicht. Sie soll uns Sicherheit und Verläßlichkeit bieten wie Ingenieure bei ihren Berechnungen zum Bau von Pyramiden, Brücken und Wolkenkratzern. Und da die weitaus größte Mehrheit der Naturwissenschaftler und Techniker faktisch-verläßlich arbeitet, gehen wir davon aus, daß wir uns auf sie verlassen können. Der Händler, der uns einen Fernseher oder ein Videogerät oder einen Computer verkauft, wird ein fehlerhaftes Gerät zurücknehmen (müssen) und selbst ersetzt bekommen. Funktionstüchtigkeit wird vorausgesetzt, darf vorausgesetzt werden; darauf gibt es sogar rechtliche Ansprüche.

Somit sollen auch die Berechnungen und Modelle, die mit naturwissenschaftlichen Fakten und technisch perfektionierten Computern als Prognosen »hoch«gerechnet und erarbeitet worden sind, genauso verläßlich sein – sind doch sowohl die Eingaben wie auch deren Durchrechnung auf das Naturwissenschaftlich-Faktische und nicht auf Gefühle und Meinungen gestützt, wie das früher der Fall war. Sie machen die Zukunft zunehmend faßbarer und virtuell schon zur Gegenwart, obwohl noch auf sie zu warten ist. Dennoch irren die Computer-Modelle offenbar nicht weniger als die alten Weissagungen. Sie sind komplizierter, aber nicht unbedingt richtiger geworden.

Der tägliche Wetterbericht mit seinem vergleichsweise einfachen Datensystem von Luftdruck, Temperatur, Luftfeuchtigkeit und Windgeschwindigkeit hat es trotz der Super-Computer, die zur Verfügung stehen, und der Vielzahl von Meßstationen nicht dazu gebracht, brauchbare mittelfristige Vorhersagen zu entwickeln. Vom nächsten Sommer oder Winter oder gar vom Katastrophenhochwasser ganz zu schweigen. Die Fortschritte bewegen sich ganz bescheiden in Tagesabständen. Zwei Tage im voraus, das fällt schon ganz gut aus. Bei drei Tagen nimmt die Unsicherheit deutlich zu; bei einer Woche reicht eine selbstgetroffene Prognose, um etwa den gleichen Unsicherheitsgrad zu treffen. Doch wenn man davon ausgeht, daß morgen das Wetter wie heute sein wird, hat man bei der durchschnittlichen Dauer der Wetterphasen hier in Mitteleuropa schon eine recht gute Vorhersagequalität. In stabileren Kontinentalregionen sogar eine so gute, daß man sich lange Zeit den täglichen Wetterbericht ersparen könnte – er bringt doch nichts Neues.

Ungleich problematischer verhält es sich mit den heutigen computerisierten Prognosen in den komplexeren Systemen von lebendiger Natur, Wirtschaft und Gesellschaft. Das einzig Beständige an den Prognosen der Wirtschaftsforschungsinstitute und »Wirtschaftsweisen« ist, daß sie in regelmäßigen Abständen revidiert werden müssen. Wen wundert das noch? Wundersam erscheint hingegen, mit welcher Überzeugung Politiker oder Parteienvertreter solche Prognosen von sich geben und vertreten. Offensichtlich sind hier sowohl die Fachleute als auch die computertechnischen Methoden noch weit entfernt von einer brauchbaren Lösung der komplexen Problematik. Man kann ja gegebenenfalls Nachsicht üben. Aber in der Naturwissenschaft? Da müßten die Prognosen doch längst stimmig genug ausfallen! Ein etwas ausführlicherer Blick auf die Naturkatastrophen eröffnet, daß das nicht der Fall ist, und bringt auch einige Hinweise darauf, warum das so (unbefriedigend) ist. Dabei kann die Naturkatastrophe als die Chance überhaupt angesehen werden, Prognosen kritisch zu testen. Denn sie sind es, die für den Menschen wichtig sind, und nicht winzige Verschiebungen von Durchschnittswerten, wie sie in der gegenwärtigen Klimaveränderungs-Diskussion vorgebracht werden. Was braucht uns ein Grad mehr oder weniger zu kümmern, wenn die natürliche Spanne beispielsweise in Mitteleuropa von knapp unter 40°C

Lufttemperatur über Null und eisigen 30°C unter Null reicht. Dabei sind die klein- und kleinsträumigen Höchst- wie Niedrigstwerte gar nicht berücksichtigt, wenn im Sommer die Sonne auf entsprechende Flächen brennt oder Bodenminima von weit unter minus 30°C gemessen werden können. Knapp ein Grad wärmer als vor 100 Jahren im Durchschnitt fällt in die Unsicherheitsbereiche der Meßwerte. Also, was sollen solche Fakten? Haben sich die Extreme, mit denen wir tatsächlich zu kämpfen haben, entsprechend massiv verändert? So massiv, daß ihre weitere Entwicklung bedenklich, ja katastrophal werden könnte? Erst mit dieser Betrachtungsweise gewinnt das Beispiel der Prognose steigender Durchschnittstemperaturen Sinn und Bedeutung für die Menschen. Das sollte hier nochmals bekräftigt werden, bevor es um die konkrete Frage nach den Naturkatastrophen, ihren Ausmaßen und Häufigkeiten in Gegenwart und Vergangenheit gehen kann.

5. Naturkatastrophen

Das Elbhochwasser vom August 2002 traf Zehntausende von Menschen entlang des Flusses wahrlich als Naturkatastrophe. Es war in diesem Ausmaß weder vorhergesagt noch in den Berechnungen zur Sicherheit der Deiche erwartet worden. Schäden in unglaublich erscheinenden Größenordnungen, in zweistelligen Milliardenbeträgen werden zu bewältigen sein. Die Menschen, die das Hochwasser getroffen hat, werden – sowohl finanziell wie auch psychisch – noch lange darunter zu leiden haben. Die Bezeichnung »Jahrhundertflut« und gar »Jahrtausendflut« für das Elbhochwasser des zweiten Jahres im dritten Jahrtausend nützt ihnen wenig, den Medien und Propheten jedoch viel.

Wer immer eine drohende Klimakatastrophe vorausgesagt hatte, sieht sich in seinen Befürchtungen bestätigt. Man habe es ja gewußt, prognostiziert und nun sei das Schlimmste eingetroffen; viel früher als erwartet und viel größer im Ausmaß. Wer jetzt noch nicht an die Klimakatastrophe glaube, weiter Auto fahre und Kiwis aus Neuseeland esse, dem sei nicht mehr zu helfen. Zahlen werde jedoch auch der Ungläubige: Für die gegenwärtige Katastrophe, die Beseitigung ihrer Folgen und Schäden und damit für seine Uneinsichtigkeit (und Ungläubigkeit.)

Prognose und Katastrophe haben sich im Fall des Elbhochwassers von 2002 wie auch schon bei mehreren Überflutungen am Rhein, zweimal kurz nacheinander, und an der Oder oder – lokaler – beim »Pfingsthochwasser 1999« im bayerisch-schwäbischen Alpenvorland in fataler Weise miteinander verbunden. Kassandra erhielt Recht. Sie wird damit nicht zufrieden sein, sondern weiter und heftiger warnen. Denn das alles seien nur die Vorboten noch viel größerer Katastrophen gewesen.

Um die Ursachen des Elbhochwassers geht es dabei, zumindest zunächst, nicht. Sie werden in der gebotenen Gründlichkeit aufgearbeitet werden – dafür sorgen Wasserwirtschaftsämter und Wasserforschungseinrichtungen. Sie werden Ausmaß und Verteilung der Niederschläge anhand der Meßergebnisse studieren, den Abfluß des Wassers modellieren und mit dem tatsächlichen Verlauf vergleichen: eine hervorragende Methode, die bestmögliche überhaupt! Sie wird jenen, die das interessiert, Aufschluß darüber geben, warum das Elbhochwasser gerade so verlaufen ist, und nicht anders, warum es eventuell zu Abweichungen von den bisherigen Modellen gekommen ist und warum die Deiche an so vielen Stellen durchweicht wurden, brachen oder Wasser durchgelassen haben. Warum dies an den Donau- und Inndämmen nicht der Fall war. Und so fort. Fachliche Fragen werden in schier nichtendender Reihung auftauchen und immer tiefere, immer bessere Einblicke über diese Art von Ursachenforschung liefern. Ganz zu Unrecht wird sie in der Öffentlichkeit viel weniger wahr genommen und geschätzt werden als die Kassandrarufe der Schwarzseher – weil sie nach den Ursachen der bereits eingetretenen Vorgänge forscht und nicht vorhersagt, ob es in Zukunft wieder an der Elbe ein Hochwasser dieses Ausmaßes geben wird. Hätte die Wasserforschung eine solche Katastrophe vor zehn Jahren deutlich genug prognostiziert, wären jetzt Schuldige auszumachen, die es unterlassen haben, rechtzeitig zu reagieren und das drohende Unheil abzuwenden, wie es ihre Pflicht gewesen wäre. Es wird Jahre dauern, bis das Elbhochwasser »aufgearbeitet« ist – Jahre intensiver Forschung und Datenauswertung. Was werden, was können sie erbringen?

Eines müssen diese Forschungen klären: Welche Wassermassen waren tatsächlich in dieses Elbhochwasser einbezogen? Pegelstände sind für die Sicherheitsabstände an Dämmen und Deichen bedeutsam und sagen – kurzfristig – etwas darüber aus, mit welchen möglicherweise überschwemmungsgefährdeten

Flächen gerechnet werden muß. Pegelstände sagen aber nicht direkt, wieviel Wasser (wieviele Kubikmeter pro Sekunde) tatsächlich kommen. Diese Werte braucht man aber, um mit anderen, früheren Hochwassern Vergleiche ziehen zu können. Denn die Eindeichung hat großräumig, entlang des Laufes fast aller Flüsse in Mitteleuropa, in neuerer und neuester Zeit die Ausbreitungsmöglichkeiten der Hochwasser stark eingeschränkt. Da also der Raum, durch den sie fließen können, stark verengt worden ist, müssen die Fluten höher steigen. Für die Durchflußverengung, ein Menschenwerk, können Wetter und Klima nichts. Sie liefern die Niederschlagsmengen, nicht die Wasserstandshöhen. Für einen direkten Vergleich haben wir kaum ein ganzes Jahrhundert seit der Regulierung der großen Flüsse zur Verfügung. Alles was vorher buchstäblich »ablief«, geschah unter ganz anderen Rahmenbedingungen. Nichts stellte sich der Ausbreitung der Hochwasserfluten in den Talauen entgegen. Sie waren, wie seit Jahrtausenden, seit den ganz großen Fluten am Ende der letzten Eiszeit (als die Urstromtäler ihre heutige Form erhielten) das natürliche Ausbreitungsgebiet der Hochwasser. Sie verzögerten deren Abfluß, verminderten deren Höhe und bremsten deren Wucht und zerstörerische Wirkung. Fluß und Flußaue gehörten zusammen. Der Mensch hat sie mit seiner »Kulturtechnik« weitestgehend voneinander getrennt. Das führte bis auf wenige Restprozente zur großflächigen Vernichtung der Auen und zu starkem Anstieg der Hochwasserfluten. Auch große Rückhaltebecken können, da sie weit kleiner sind als die ursprünglichen Ausbreitungsmöglichkeiten für die Fluten, die Hochwassergefahr nicht sicher genug bannen, wie sich in schrecklicher Weise gezeigt hat.

Deshalb lohnt ein Blick auf die alten Hochwassermarken aus früheren Zeiten, die vielerorts vorhanden und recht aufschlußreich sind. Die Höchststände des Bodensees zum Beispiel hat man am Kornhaus in Rorschach eingraviert. Sie weisen folgende Reihung von oben abwärts auf: 1817, 1566, 1890, 1910, 1876,

1770, 1877, 1789, 1914 und 1816. Der Schweizer Meteorologe Christian Pfister vermerkt dazu in seiner »Wetter-Nachhersage« (1990): »Auf dieser ursprünglich am Kornhaus in Rorschach angebrachten Tafel sind die Maximalstände des Bodensees vom 16. bis ins frühe 20. Jahrhundert eingezeichnet. Dabei ist zu berücksichtigen, daß sich das Gebäude im Verlauf des 19. Jahrhunderts um 30 cm gesenkt hat.« Nur deswegen wurde der Höchststand von 1566 als tatsächliches Maximum der letzten 500 Jahre beim Hochwasser von 1817 übertroffen. Die Schneemassen des 1817 vorausgegangenen »eiszeitlichen Sommers 1816« und des Winters 1816/17 führten zu diesem eigentlich zweithöchsten Stand des Sees im letzten halben Jahrtausend.

Auch das höchste Rheinhochwasser ereignete sich nicht in unserer Zeit, sondern im 19. Jahrhundert. Im 16. Jahrhundert gab es wohl noch höhere Wasserstände, wozu jedoch genauere Markierungen fehlen. Für den Inn, den wasserreichsten Hauptfluß des oberen Donausystems, sind viele Hochwassermarken vorhanden. So etwa am »Inntor« in Schärding, kurz vor dem Zusammenfluß von Inn und Donau in Passau. Die dortige Rangfolge der höchsten Hochwasser sieht folgendermaßen aus: August 1598, Juni 1786, September 1787, September 1899, Juli 1954, September 1920, Juni 1940, August 1897, August 1985 – dann folgen in absteigender Reihe weitere Hochwasser der jüngeren und jüngsten Vergangenheit. Weitere »historische« Hochwasser sind an anderen Orten und Gebäuden vermerkt. Aus ihnen geht hervor, daß keineswegs in den letzten 50 oder 100 Jahren die schlimmsten Hochwasser aufgetreten sind, sondern in den Jahrhunderten davor; insbesondere in jener Phase der Klimaentwicklung, die als Beginn der kleinen Eiszeit bezeichnet wird. Diesen Ausdruck hatte der amerikanische Geophysiker F. E. Matthes 1939 geprägt – der Begriff ist später auf die Zeit eingeengt worden, die durch die ausgeprägte Klimaverschlechterung zwischen etwa 1500 und 1800 gekennzeichnet ist. Abgesehen vom Jahr 1350 und nur wenigen darauffolgenden Jahren, erreichten zwischen 1600 und 1850 die Gletscher in den Alpen ihre größte Ausdehnung. Entsprechend verzögerten sich die Weinlesetermine in diesem Zeitraum als Hinweise für die Verläufe der Sommerwitterung von April bis September. Die Hochstand-Periode der Alpengletscher zwischen 1350 und 1850 wurde als Kleine Eiszeit bezeichnet. Sie ist durch eine Vielzahl von indirekten und direkten Hinweisen und Befunden als klimatisch ungünstige Zeit in Europa belegt, wobei vor allem ab dem 16. Jahrhundert eine starke Häufung von »schlechten Jahren« festzustellen ist. Damals gab es so extreme Kältewinter, daß große Seen wie zum Beispiel der Bodensee völlig zugefroren waren. In den Archiven – vor allem auch in kirchlichen – hat man die strengen Winter ebenso vermerkt wie die besonders heißen und trockenen Sommer. So begann die Frostperiode, die zum völligen Zufrieren des Bodensees geführt hatte, Anfang November 1572 und dauerte bis Mitte März 1573. Am 2. Februar 1573 war der See total zugefroren und die geschlossene Eisdecke hielt sich fast 60 Tage lang bis zum 1. April (Christian Pfister). 1683/84 und 1694/95 verhielt es sich ähnlich. Diese drei aufgeführten Winter waren die härtesten seit der Reformationszeit; unvergleichlich strenger als die Eiswinter von 1829/30 und 1962/63, die große Schäden angerichtet hatten.

In den Wintern 1560/61, 1676/77, 1683/84, 1708/09, 1740/41 und 1788/89 kam es zu einem Phänomen, das auch im extrem kalten Dezember 1879 (mit einem Monatsmittel von −11°C in Basel) zu hören war: Die Bäume zerbarsten mit lautem Knallen, das an Geschützdonner erinnerte.

Vor dieser kleinen Eiszeit war Mitteleuropa jedoch (zum Beispiel im Jahre 1540) für zehn bis zwölf Monate im Jahr in den Subtropengürtel einbezogen worden. Vom Februar bis zum Jahresende fiel im südlichen Mitteleuropa nahezu kein Regen. Im Hochmittelalter wurden in England Reben bis zum 53 Breitengrad angebaut. Die Sommer in Mitteleuropa waren, so schätzte 1982 der britische Klimatologe Hubert Lamb, im Mittelalter durchschnittlich um 1 bis 1,4 Grad Celsius wärmer als im 20. Jahrhundert. Heiß und bis zu 2 Grad wärmer als gegenwärtig waren die Sommer insbesondere zwischen 1200 und 1310.

Vor allem die biologischen Befunde bekräftigen in erdrükkender Vielfalt die Feststellung, daß es vor Beginn der kleinen Eiszeit erheblich wärmer war als in den letzten Jahrzehnten des 20. Jahrhunderts. Die jüngste Klimaerwärmung startet somit aus einer Phase des Tiefstandes heraus. Mit den gegenwärtigen Prognosen zur weiteren Erwärmung würde sie – sollten die vorausgesagten Werte des Anstiegs eintreffen – damit etwa die mittelalterlichen Verhältnisse erreichen, die man im Kontrast zur kleinen Eiszeit das mittelalterliche »Klima-Optimum« genannt hatte. Damals waren die Gletscher der Alpen so weit geschrumpft, daß auch die Hitzeperioden keine Schmelzhochwässer mehr brachten. In die Berge (zum Beispiel in den Hohen Tauern der Zentralalpen) trieb man auf der Suche nach Erzen und Gold Stollen in Höhen, die während der kleinen Eiszeit von Gletschereis zugedeckt wurden. Umgekehrt kehren in Märchen Motive von bitterer Kälte und Brotmangel immer wieder, unter denen insbesondere die Kinder zu leiden hatten, weil nicht mehr genügend Getreide wuchs und reifen konnte. So entwikkelte sich das Leben der Menschen in starker Abhängigkeit von den Witterungsbedingungen in den Zeiten der Kälte höchst beschwerlich und eher heiter, wenn es (wieder) warm genug geworden war. Wie sehr auch Johann Wolfgang von Goethe unter dem rauhen Klima seiner nordischen Heimat, wie er es nannte, litt, geht in literarischer Schönheit aus seiner »Italienischen Reise« hervor: ins Land, wo die Zitronen blühn.

Versucht man nun aus den Zeitangaben zu den Hochwassern und ihren Höchstständen die letzten 500 Jahre zu werten, so wird nicht nur deutlich – überraschend in der gegenwärtigen Diskussion um die Zunahme der Katastrophen –, daß die höchsten Hochwasser keineswegs in der Phase der Wiedererwärmung im 20. Jahrhundert (speziell im ausgehenden) aufgetreten sind. Die Rhein-, Inn- und Donau-Hochwasser zeigen vielmehr seit den besonders hohen zu Beginn der kleinen Eiszeit abnehmende Wasserstände – und sie würden das noch ausgeprägter aufzeigen, wenn die Wirkungen der Flußregulierungen und Eindeichungen mit eingerechnet werden könnten. Denn wenn das Hochwasser am Inn 1899 einen deutlich höheren Pegelstand als das höchste Hochwasser des 20. Jahrhunderts (das Julihochwasser von 1954) erreicht hatte, obwohl damals noch keine Dämme und Deiche den Fluß einschnürten, bedeutet dies, daß 1899 weit größere Wassermengen als beim Hochwasser 1954 (6.000 Kubikmeter pro Sekunde) den Inn hinabgeströmt sein mußten. Das Hochwasser von 1954 war meßbar, weil Stauseen mit Durchflußkontrollen bereits gebaut waren und so nicht bloß über Pegelstände, sondern direkt über Wassermengen, die pro Sekunde durchströmten, die Fluten erfaßt werden konnten. Bei diesem Hochwasser hatte es im alpinen und nördlich-randalpinen Einzugsgebiet des Inns nahezu zwei Wochen ununterbrochen geregnet. Von noch weit ausgedehnteren Regenperioden berichten Chronisten früherer Zeiten, als die ganz katastrophalen Hochwasser zustande kamen. Beim Augusthochwasser von 1598 muß der Inn – wenn man vom Höchststand des Jahrhunderthochwassers von 1954 mit 6.000 Kubikmeter pro Sekunde Wasserführung ausgeht – an die 20.000 Kubikmeter pro Sekunde gebracht haben, um bei weitläufig offenen, durch keinerlei Bebauung oder Dämme eingegrenzten Tälern solche Höhen erreicht haben zu können, also zumindest das Dreifache der Flut von 1954. Ein Jahrtausendhochwasser? Eine reichlich sinnlose Einstufung, denn bei diesen Zeiträumen nähern wir uns jenem Zustand während der Schmelze der eiszeitlichen Gletschermassen, als die Täler geformt wurden. Die Urstromtäler von Elbe und Oder wie auch von Donau und Rhein müssen von weitaus größeren Wassermassen gebildet worden sein als sie die im Vergleich dazu heute kläglich kleingewordenen Flüsse noch bringen können.

Zwei Drittel der Zeitspanne seit dem Ende der letzten Eiszeit, so der Gletscherforscher Erwin Patzelt, müssen wärmer als das 20. Jahrhundert gewesen sein. Wir nähern uns gegenwärtig gerade dem Durchschnitt der letzten 10.000 Jahre. Es waren nicht die Kaltzeiten in diesen zehn Jahrtausenden, die der Menschheit und ihrer wirtschaftlichen wie sozialen Entwickung zuträglich gewesen sind, sondern die Warmzeiten. Das ergibt sich aus einem Blick auf die Geschichte. Zahlreiche Kulturen der Antike gingen an klimatischen Veränderungen zugrunde. Daß das Hinterland von Karthago in Nordafrika zur Zeit der Römer deren Kornkammer war beziehungsweise werden sollte, lernt man, wie schon gesagt, im Geschichtsunterricht. Wieso aber in einem Gebiet, das heute Wüste ist, so viel Getreide wachsen konnte (damals lag die Regenzone südlicher als gegenwärtig), daß es für die Römer politisch-strategisch wichtig wurde – diese Frage behandeln die Geschichtsbücher in aller Regel nicht. Die Szenarien der modernen Klimamodelle reichen meist nicht einmal bis ins Mittelalter zurück, weil es damals keine genauen Temperaturmessungen mit Quecksilberthermometern und Celsiusgraden gegeben hat. Doch an der Wirkung der Witterung auf Wachsen und Gedeihen der Pflanzen oder, in der Jahressumme oder über die Jahre hinweg, am Wohlergehen der menschlichen Bevölkerungen besteht kein Zweifel.

Extreme Winterkälte oder Dürre, Hochwasser und Stürme waren für Menschen früherer Jahrhunderte zumindest ebensolche Katastrophen, wie es ihre schwächeren Varianten in der Gegenwart für die hier und jetzt betroffenen Menschen sind. Hatten die Menschen des Mittelalters, des Spätmittelalters oder im 17. Jahrhundert die damaligen Jahrhundertfluten verursacht? Aller Wahrscheinlichkeit nach nicht in erheblichem Umfang, auch wenn die Rodung der Wälder und ihre Umwandlung zu offenem Ackerland natürlich auch die Abflußverhältnisse veränderte. Doch unabhängig von solchen Fragen, die im Hinblick auf unsere Gegenwart und Zukunft reichlich unwichtig erscheinen mögen, geht aus den historischen Aufzeichnungen und Befunden zur Entwicklung der Witterung völlig zweifelsfrei hervor: Es hat keine klimatische Stabilität gegeben. Auch das mittelalterliche Klima-Optimum war von Kälte- und Nässejahren unterbrochen; auch in der kleinen Eiszeit gab es sehr warme und günstige Jahre. Es ist absurd, davon auszugehen, Wetter und Klima müßten von Natur aus stabil (gewesen) sein und wären erst durch Zutun des Menschen aus dem Gleichgewicht geraten.

Diese Wunschvorstellung vom Gleichgewicht bestimmt im Hintergrund ganz offensichtlich das Denken und vor allem die Interpretation von Befunden. Es muß deshalb nochmals betont werden, daß es kein wie auch immer zu bestimmendes und auszuzeichnendes »richtiges Klima« gibt, von dem unser gegenwärtiges hinsichtlich der Durchschnittstemperaturen nach oben abzuweichen scheint. Seit mit hinreichend verläßlichen Methoden die klimatische Entwicklung nachvollziehbar gemacht werden kann, ergibt die wissenschaftliche Auswertung ein Schwanken, ein Fluktuieren. Dieses kann, muß aber nicht, sich regelmäßig wiederholend, zyklisch sein. Schwankungen kennzeichnen das Klima. Mittelwerte sind künstlich: Sie fallen je nachdem, welche Zeitspanne und welche Ausgangszeit zugrundegelegt werden, unterschiedlich aus. So wäre der Übergang vom mittelalterlichen Klimaoptimum zur kleinen Eiszeit ganz klar eine massive bis katastrophale Klimaverschlechterung, genauso wie die stark fluktuierende Witterung vom 16. bis zum 19. Jahrhundert als stabil-schlecht einzustufen gewesen wäre. Wenn überhaupt, so war es gerade diese Zeit, in welche die katastrophalsten Hochwasser und Kältewinter gefallen sind. Diese Naturkatastrophen trafen die Menschen damals mit Sicherheit noch viel schlimmer als die in unserer Zeit aufgetretenen Katastrophen. Gab es damals doch weder ein entsprechendes Sicherungssystem in der Gesellschaft, noch wirtschaftlich und finanziell überhaupt die Möglichkeiten, die Schäden vergleichsweise rasch wieder zu beheben. Nicht ohne Grund fielen früher auch viel mehr Menschen, aber viel weniger Sachwerte den Naturkatastrophen zum Opfer. Heute ist das in Europa und anderen hochentwickelten Regionen der Erde umgekehrt – aber beileibe nicht auf der ganzen Erde. Nach wie vor treffen Naturkatastrophen Regionen mit Armut und Hilflosigkeit. Was dann von außen als humanitäre oder wirtschaftliche Hilfe kommt, trifft meist viel zu spät ein. Die Tausenden von Toten lassen sich nicht wieder lebendig machen.

Erst die Auswirkungen von Naturereignissen machen diese zu Katastrophen für die Menschen. Und eines ist ihnen allen gemeinsam: Man kennt weder den Ort noch die Stunde. Keine Vorhersage, kein noch so gutes Modell ist in der Lage, solche Einzelereignisse vorauszusagen, weil es sich um Einmaligkeiten in der Konstellation handelt, mit der sie zustandekommen, um Singularitäten. Modelle können Durchschnitte hochrechnen und Streubreiten angeben. Das Wie und Wann der Singularität können sie nicht vorhersagen, so lange es noch Zeit genug wäre, um die daraus sich ergebene Katastrophe zu verhindern.

In der Natur verhält es sich mit den Katastrophen ohnehin ganz anders. Sie sind Anstöße für Neuanfänge, notwendige Störungen oder sogar, in erdgeschichtlichen Zeiträumen betrachtet, entscheidende Weichenstellungen für den Gang der Evolution. So hätten es möglicherweise ohne jene gigantische Katastrophe vor gut 65 Millionen Jahren, welche die Dinosaurier auslöschte, die damals noch unscheinbaren Säugetiere nicht geschafft, sich zu entfalten und das Zeitalter der Reptilien abzulösen. Ihr Aufstieg nach der Katastrophe machte auch einer Stammeslinie von ihnen, noch spitzmausartig und klein, den Weg frei zur Entwicklung eines besonders leistungsfähigen Gehirns, das dieser Tiergruppe eine Sonderstellung einbrachte. Heute werden sie Herrentiere oder Primaten genannt.

Eine erneute globale Katastrophe, der Beginn des Eiszeitalters, markiert den Aufstieg eines Seitenzweiges dieser Primaten, an deren Spitze – nach dem weiteren Großklimawechsel am

Ende der letzten Eiszeit – nun der Mensch mit der Entwicklung seiner Kultur steht. Der Gang des Lebens, so könnte man es auch ausdrücken, bedurfte immer wieder der schöpferischen Impulse von außen, um nicht im gemächlichen Trott stecken zu bleiben. Neuen Herausforderungen begegnete das Leben mit neuen Leistungen. Diese als »Katastrophismus« bezeichnete Sicht nimmt seit mehr als zwei Jahrhunderten einen zentralen Platz in den Erd- und Biowissenschaften ein. Auch die menschliche Geschichte wird davon, wie bereits ausgeführt, geprägt und strukturiert. Um es direkter und zeitnaher auszudrücken: Den Flußniederungen und -auen schaden weder Elb- noch Oderhochwasser. Für die Tiere und Pflanzen in den Flußtälern sind die Hochwasser tatsächlich lebenswichtige Impulse. Daß die Menschen sie nicht haben wollen, ist nur allzu verständlich, können sie doch nicht (wie die ans Hochwasser angepaßten Biber) ihre zerstörten Burgen leicht mit eigener Hände Arbeit schnell wieder aufbauen. Wir Menschen sind auch keine halb dem Wasserleben angepaßte Art, keine semi-aquatische Spezies – und wir haben Hab und Gut angesammelt. Katastrophen in der Natur sind für die Natur daher nicht mit demselben Maß zu messen wie für den Menschen. Dennoch wird, vor allem wenn es um die Zukunft und um Prognosen geht, viel zusammengemischt, was nicht zusammengehört.

6. Überprüfbare Prognosen

»In den Modellen der Forscher war das Unwetter nicht vorgesehen.« So klagt die Wochenzeitung DIE ZEIT in ihrer Ausgabe vom 15. August 2002 zu den Überschriften auf der Titelseite »Deutschlands Dämme brachen« und »Eine Welt unter Wasser«. Mit der Zwischenüberschrift »Klimaschutz wirkt erst später« schiebt der Kommentator Hans Schuh die Kurzerklärung ein. Mit der Aussage eines Klimaforschers »Wer jetzt noch bestreitet, daß ein Klimawandel stattfindet, dem ist nicht zu helfen« gibt sich Hans Schuh aber nicht zufrieden. Ganz zu Recht stellt er fest: »Doch ganz so einfach scheint die Klimarechnung nicht. Mehr Wasserdampf bildet verstärkt Wolken – und die wiederum wirken kühlend, denn sie schirmen das Sonnenlicht ab. So froren mitten im Hochsommer die Menschen im verregneten Italien, an der Adria und auf Mallorca blieben die Strände leer. Zwar sind die Rechenmodelle der Klimaforscher inzwischen recht präzise, aber die komplizierte Rolle der Wolken und des Wasserdampfs im atmosphärischen Haushalt der Erde erklären sie immer noch nicht exakt.« Dem kann man nur zustimmen, wenngleich diese Einschränkung die Möglichkeit zu einem exakten Verständnis offen hält. So wird denn für den Kommentator der Klimaschutz zu einem »langwierigen Unterfangen«, denn »auf die drängende Frage, wie sich verheerende Unwetterschäden wie jetzt in Sachsen, Bayern oder Österreich künftig begrenzen lassen, geben die Beschlüsse von Kyoto keine Antwort.« Das werden sie wahrscheinlich auch in näherer oder fernerer Zukunft nicht leisten können. Denn es steckt ein grundlegendes Mißverständnis in diesen Modellen und den Prognosen, die davon abgeleitet werden: Dieses Mißverständnis ist die Doppelnatur der Zeit.

Wir bewegen uns in der Zeit nämlich einerseits in einem Kreislauf, andererseits aber auf einem Zeitpfeil. Es verhält sich bei dem »Phänomen Zeit« also fast wie beim Licht, das sowohl eine Wellennatur als auch Teilchenstrahleigenschaften hat. Die Physiker tun sich schwer genug, diese Doppelnatur des Lichtes verständlich zu machen. Bei der Zeit geht das etwas leichter, weil die Beispiele anschaulicher sind und von jedem Menschen (zwangsläufig) selbst erlebt und durchlebt werden.

So ist uns die Wiederkehr von Tag und Nacht, von Winter und Sommer genau so vertraut wie die unvermeidbare Tatsache, daß diesem Kreislauf der Zeit eben auch der Zeitpfeil überlagert ist, der unaufhörlich und unabwendbar weiter eilt. Eine der Folgen davon ist, daß wir – wie alles andere Lebendige auch – altern. Im Gegensatz zu den Kreisläufen der Zeit, die immer wieder zum scheinbaren Anfang zurückkehren, ist der Zeitpfeil unumkehrbar. Wie ein abgeschossener Pfeil fliegt die Zeit weiter und dies war (nach allem, was wir wissen) von Anfang an so. Diese Form der Zeit verursacht die Geschichte; die Geschichtlichkeit der Erde wie den nicht umkehrbaren Ablauf unseres eigenen Lebens. Alle Vorgänge, auch die zyklisch wiederkehrenden, sind daher zeitbezogen und können niemals wieder in genau gleicher Weise stattfinden. Denn, bildlich ausgedrückt: Zeitkreis und Zeitpfeil wirken zusammen und werden zur Spirale, die beständig weiterläuft und nie zu ihrem Ursprung zurückkehren kann.

Diese Abschweifung in einen sehr theoretisch oder sehr philosophisch erscheinenden Bereich ist nötig, weil sich aus der Doppelnatur der Zeit äußerst wichtige praktische Folgen ergeben. Etwa die eigentlich allen vertraute Gegebenheit, daß sich nichts genau so wiederholen kann, wie es einmal stattgefunden hat und sich folglich auch nichts so voraussagen läßt, wie es kommen wird. Nun könnte man aber ganz zufrieden sein, wenn eine Vorhersage annähernd eintritt, wenn etwa Katastrophen, mit denen man rechnen mußte, tatsächlich eintreffen, egal, ob es genauso schlimm oder ein bißchen weniger schlimm oder etwas schlimmer wurde. Akzeptabel jedenfalls, wenn die Prognose – mit einer zulässigen Fehlerbreite – richtig war. Die Modellrechnungen der Klimaforscher und die Szenarien zum globalen Wandel bieten ja auch diese Bandbreite an. Der wahrscheinlichste Wert liegt in der Mitte, mit möglichen Abweichung nach oben und unten. Auch die Statistik ordnet jedem Mittelwert einen »mittleren Fehler« zu. Aber eben nur dann, wenn die Daten, die den Berechnungen zugrundeliegen, auch »normalverteilt« sind, was heißen soll, daß sie einer so genannten Gauß'schen Verteilungs- oder Glockenkurve entsprechen und unabhängig voneinander in dem Sinne sind, daß – wie beim Lotto – die eine gezogene Zahl keinen Einfluß auf die nächste hat und auch ihr heutiges Gezogensein für die nächste Ziehung keine Rolle spielt. Solche Systeme nennt man Zufallssysteme. Die Mathematik kann sie fast beliebig konstruieren. In der Natur, im wirklichen Leben, bilden sie die Ausnahme. Die Vorgänge hängen mehr oder minder allesamt stärker oder schwächer voneinander ab. Naturereignisse zeichnen sich durch Zusammenhänge aus. Sie sind, so der Fachausdruck, *kontingent.* Das vom Lateinischen *con-tangere* (zusammen-hängen oder einander berühren) abgeleitete Fachwort bringt tatsächlich die Zeit mit ins Spiel, das damit kein Zufallsspiel mehr sein kann. Einfache Beispiele zur Erläuterung gibt es genug, sie lassen sich fast beliebig auswählen.

So erscheinen die Tief- oder Hochdruckgebiete im Wettergeschehen sowohl zeitlich als auch räumlich in Abhängigkeit voneinander über die Gürtel der Erde verteilt. Sie entstehen nicht zufällig einfach so. Die Wettervorhersagen stellen deshalb in der Praxis wahrscheinliche Weiterführungen von bereits vorhandenem Wettergeschehen dar. Hat es hier geregnet, kann derselbe Niederschlag logischerweise nicht an anderem Ort fallen. Aber gerade wegen der astronomisch hohen Zahl von Möglichkeiten der Weiterentwicklung ist die Wettervorhersage nicht in der Lage, über mehr als ein paar Tage hinaus und über die Distanz von ein paar Breiten- oder Längengraden hinweg mehrwöchige oder gar ganze Jahreszeiten betreffende Wettervorhersagen auszuarbeiten.

Die Hoffnung, daß sich ein gewaltiger Starkregen, der beispielsweise im Jahre 2005 am 12. Juli kommen soll, voraussagen läßt, wird nach dem Stand der Kenntnisse und mit größter Wahrscheinlichkeit eine vergebliche Hoffnung bleiben. Die Vorhersage, daß es in den nächsten Jahrzehnten mehr regnen oder im Sommer heißer werden wird, nutzt uns aber nicht viel. Ein weiterer Kernpunkt kommt hinzu. Vorgänge in der unbelebten Natur, im physikalisch-chemischen Bereich, in dem die »harten Naturwissenschaften« tätig sind, lassen sich in aller Regel umkehren. Man kann Wasser aus Eis schmelzen, erhitzen bis es verdunstet oder kochend verdampft und den Dampf wieder zu Wasser oder zu Eis werden lassen. Am Wasser selbst ändert das nichts, wohl aber an kleinen Lebewesen, die im Wasser hätten sein können. Diese lassen sich, einmal gekocht und verdampft, nicht wieder zu denselben einzelligen Tierchen, Pflänzlein oder Bakterien zurückkühlen. Alle Vorgänge im Bereich der Lebewesen unterliegen, wie auch bei uns Menschen selbst, der Unumkehrbarkeit des Zeitpfeils. Leben muß sich durch Fortpflanzung erhalten und erneuern und nicht durch eine einfache Rückkehr vom Tod zum vorherigen Leben. Das geht nicht. Lebensvorgänge haben daher unausweichlich Geschichte. Wo sie sich mit der unbelebten Natur, mit den Gesteinen und Böden, den Meeren oder den Gasen der Luft verbinden, erzeugen die Lebewesen nicht nur das, was wir unter der heutigen Wissenschaft der Ökologie verstehen – nämlich den Naturhaushalt –, sondern sie tragen damit auch die Zeitachse der Geschichte in die unbelebte Natur und lassen diese zur Naturgeschichte werden.

Es darf daher füglich behauptet werden, daß kein Modell für die Zukunft dieser Geschichtlichkeit entrinnen kann. Denn genausowenig wie sich die Vergangenheit wiederholen läßt, wird die Zukunft durch wiederholte Computerläufe simuliert werden können. Mehr als plausible Annahmen kommen dabei nicht heraus, wenn die Lebewesen, wenn auch der Mensch mit in die Zukunftsszenarien einbezogen werden. Die Zukunft ist als mögliches Weitermachen von Gegenwart und Vergangenheit weder eine chemische noch eine mathematische Gleichung. Sie ist prinzipiell ein einmaliger und einzigartiger Vorgang in der Zeit. Unwiederholbar und damit auch nicht vorhersagbar.

Merkwürdigerweise scheint das für die Vergangenheit nicht zu gelten. Für viele Fälle und Vorfälle können wir die Ursachen ermitteln, die Verkettung der Umstände offenlegen und damit erklären, wieso es gerade so und, obwohl durchaus möglich, nicht anders gekommen ist. Zumindest kann das dann gelingen, wenn der Blick zurück nicht allzu weit zurückreichen muß, wenn es genügend (unabhängige) Fakten und Beweise gibt und wenn die Verkettungen nicht durch allzu große Lücken unterbrochen sind. Dann kommen die Sherlock Holmes zurück zum Täter und den Ursachen und die Naturforscher zu den Anfängen von Entwicklungen und Vorgängen. Ihre Analysen sind nicht schlechter als die der Kriminalisten, die ebensowenig über Mangel an unaufgeklärten Fällen klagen können. Und immer neue Fälle kommen hinzu. Das Prinzip, um das es geht, heißt wiederum *Kontingenz*. Gerade weil das, was eingetreten ist, durch die zeitliche Abfolge miteinander verkettet und voneinander abhängig so gekommen ist, daß nichts, rein gar nichts, was später war, die Ursache von etwas Früherem gewesen sein kann, läßt sich auch aus dem verwirrendsten Geflecht der rote Faden bis zum jeweiligen Anfang zurückverfolgen.

Besonders eindrucksvoll zeigt dies die Evolutionsbiologie. Sie konnte auf durch nichts mehr zu erschütternde Weise nachvollziehbar machen, wie sich alle Lebewesen aus einem Ursprung entwickelt haben, so wie jeder Mensch eine lückenlose Ahnenreihe bis zu den Uranfängen der Menschheit, darüber hinaus ins Reich der Primatenverwandtschaft und bis hinab zu den allereinfachsten Lebewesen mit seiner Existenz in sich trägt. Die moderne Molekulargenetik führt den Beweis der allgemeinen Zusammengehörigkeit über abgestufte, aufeinanderfolgende und auseinanderhervorgegangene Verwandtschaften, trotz der so verwirrend erscheinenden Vielfalt von Millionen unterschiedlicher Arten von Lebewesen und Milliarden und Abermilliarden von Individuen. Man braucht das Bild, das sich hieraus ergibt, nur einfach auf den Kopf zu stellen, um eine Vorstellung davon bekommen zu können, wie offen entsprechend die Zukunft tatsächlich ist. Die Zukunft hält weitaus mehr Möglichkeiten bereit als in der größten Lotterie. Infolgedessen müssen alle Modelle eingeschränkt werden unter der »Annahme daß«. Genau um diese Annahmen, um diese Rahmenbedingungen, geht es: Stellen sie stark zeitlich bedingte Umstände dar, sind Prognosen von vornherein ziemlich unrealistisch. Weisen die Rahmenbedingungen dagegen im wesentlichen reversible, beliebig wiederholbare Bestandteile auf, kommt es zu einer hohen Treffsicherheit der Prognosen. So auch bei den Lebens(erwartungs)tafeln, die Versicherungsgesellschaften benutzen: Menschen sterben in allen möglichen Altersstufen und unter vielen möglichen Rahmenbedingungen. Für jede Gruppe, jede Kohorte, läßt sich aus einer großen Zahl tatsächlicher Todesfälle oder erreichter Lebensspannen eine Sterbewahrscheinlichkeit, zum Beispiel pro 1000 oder pro 10.000 Menschen, ausrechnen. Bei einer gewissen Anzahl von Versicherten ergibt sich daraus die Prämie (zuzüglich Gewinn der Versicherungsgesellschaft), für die tatsächlich auszuzahlenden Lebensversicherungen. Wen es wann trifft, interessiert die Gesellschaft nicht, denn sie arbeitet mit und lebt vom statistischen System. Dieses würde seine Eigenschaften dann rasch verlieren, wenn in die Todesfälle »Kontingenz« hineinkäme, wenn also zum Beispiel eine tödliche Seuche, wie die Pest oder Cholera-Seuchenzüge im Mittelalter, ausbräche oder unter Kriegsverhältnissen Tausende oder Millionen gesunder Menschen plötzlich getötet würden – das wären keine statistisch zu erwartenden Todesereignisse.

Nehmen wir ein weiteres Beispiel aus der Natur. Es geht bei diesem Beispiel auch ums Sterben, jedoch nicht um Todesfälle von Menschen, sondern von Bäumen. Das Beispiel wurde zwischen den 70er und 90er Jahren des 20. Jahrhudnerts vornehmlich in Deutschland unter dem Namen »Waldsterben« bekannt. Damals lautete bekanntlich die Prognose, wenn die neuartigen Waldschäden, wie sie zwischenzeitlich auch genannt wurden, so weitergingen, würden bis zur Jahrtausendwende Deutschlands Wälder vernichtet sein; zugrundegegangen am Waldsterben. Seine Ursachen wurden schnell benannt (gleichwohl, wie sich nach fast einem Vierteljahrhundert Waldschadensforschung herausstellte, offenbar doch nicht ganz richtig): das Auto insbesondere und der Mensch im allgemeinen. Komplizierte Ursache-Wirkungs-Ketten wurden bemüht – je »besser« jedoch die Modelle wurden, um so weniger starb (fast peinlicherweise) der deutsche Wald. Der zur Jahrtausendwende Totgesagte erfreut sich weiterhin seiner Existenz (wenn er sich denn selbst freuen könnte) und bedeckt rund ein Drittel der Fläche Deutschlands, sogar mit etwas zunehmender Tendenz, obwohl die Schäden immer höher angestiegen waren.

Es geht hier keineswegs darum, darüber zu befinden, ob das deutsche Waldsterben ein Phantom, eine unmäßig aufgebauschte Gegebenheit, die sich zum Besseren gewendet hat oder gar eine Mischung von wissenschaftlichem Trauer- und Possenspiel war, wie manche systemkritisch anmerkten. Vielmehr eignet sich das Waldsterben (noch weit besser als die Wettervorhersage und als Klimamodelle) in Bezug auf die ferne – von den heute Lebenden nicht mehr selbst erlebbare und damit auch nicht nachprüfbare – Zukunft beispielhaft dafür, warum komplexe Modelle nicht automatisch bessere Prognosen erlauben.

Erstens gibt es »den Wald« als solchen nicht, sondern eine Vielzahl von aus unterschiedlichen Baumarten bestehenden

Wäldern in unterschiedlicher Lage, Nutzungsform oder verschiedenartigem Aufbau. Zudem sind beileibe nicht alle Wälder gleich alt oder denselben Bedingungen von außen ausgesetzt. Dazu gibt es noch jede Menge Einzelbäume, vor allem in den Städten, die zusammen weit mehr Fläche ausmachen und einen weit größeren Waldbestand aufweisen als die sogenannten, der Nutzung weitgehend entzogenen, Naturwaldreservate.

Die näheren Untersuchungen der tatsächlich an den Bäumen erkennbaren Schädigungen brachte denn auch gleich eine ziemliche Vielfalt an Unterschieden zutage, die sich kaum auf einen gemeinsamen Nenner bringen ließen. Geschichtskundige Botaniker und Forstleute, wie etwa der Münchner Professor Otto Kandler, wiesen schon frühzeitig nach, daß es ähnliche Schäden an Bäumen bereits vor mehr als einem Jahrhundert gegeben hat, als es noch kein einziges Auto gab und daß die neuartigen Waldschäden eigentlich nur für all jene neuartig waren, die sich mit dem, was früher war, nicht befaßten oder beschäftigen wollten.

Als mögliche Schadensursachen wurden im Verlauf der Jahre saurer Regen, Autoabgase und Ozon genannt, daneben wurde das Wetter mit einbezogen, das mal zu trocken und kalt, dann wieder zu warm und feucht als (Mit-)Verursacher haften mußte. Das Ende war ein stiller Tod des Waldsterbens als Phänomen und frisches Grün in jedem Frühjahr zur Jahrtausendwende. Deutschlands Wälder sind nicht gestorben und auch nicht dank des Einsatzes gegen das Waldsterben gerettet worden (wie manche Naturschutzorganisation glauben machen will), sondern deshalb, weil die Prognosen einfach nicht stimmten und nicht eingetroffen sind.

Vielleicht war es reichlich naiv und absurd, von der Annahme ausgehen zu wollen, daß jeder Baum, unabhängig von Boden- und Wetterverhältnisse und der Beschaffenheit seiner (Wald)Umgebung, an jedem Ort in allen Wäldern kraftstrotzend wachsen müsse. Gleichzeitig mit der Klage über das Waldsterben wurden Naturschützer nicht müde zu fordern, der Totholzanteil in den Wäldern, insbesondere im Staatswald, müsse stark erhöht werden, weil im Totholz viele besondere für den Naturhaushalt notwendige Arten lebten und es wichtige, zum Wald gehörige Strukturen in die ansonsten zu Holzplantagen degradierten Wälder bringe. Wie unpassend es ist, das Waldsterben zu bekämpfen und gleichzeitig mehr Totholz im Wald zu fordern, ließ sich wegargumentieren damit, daß das Waldsterben vom Menschen verursacht und damit nicht natürlich sei, Totholz aber natürlicher Bestandteil des Waldökosystems.

Das überprüfbare, weil auf einen erlebbaren Zeithorizont bezogene Untergangsszenario des deutschen Waldes versuchte mit dieser Spaltung von Mensch und Natur sich selbst aus der Klemme zu befreien. Es konnte mit der Gnade des raschen Vergessenwerdens rechnen. Und mit einer Methode, die in solchen Fällen, derer es bei näherem Hinsehen viele gibt, insbesondere von den »verantwortlichen« Politikern und Behörden angewandt wird: Die Prognosen werden gerechtfertigt und über alle Maßen gelobt, auch wenn kein Nachweis sich abgezeichnet hatte oder gegeben war. Die wahrlich umfangreichen Geldmittel, die für die Erforschung des Waldsterbens und für die Gegenmaßnahmen ausgegeben worden sind, hat niemand zurückgefordert, was in diesem Fall auch nicht nötig war, kamen sie doch der naturwissenschaftlichen Forschung zugute, die vieles andere dabei herausgefunden hat – nur nicht, warum der sterbende Wald doch nicht stirbt.

Als Begleiterscheinungen kamen auch andere interessante und wichtige Dinge hinzu: Wie beispielsweise der sicherlich begrüßenswerte Langzeit-Versuch, die Staatswälder auf eine naturnähere Baumartenzusammensetzung und Nutzungsform umzubauen. Viel Gutes – das darf betont worden – hat das Waldsterben gebracht. Woran das Waldsterben als prognostiziertes Modell letztlich »scheiterte«, war wohl seine eigene, innere Komplexität. Man hatte in den Modellen sowohl die Selbsterhaltungskräfte unterschätzt als auch die Vielfalt der fördernden und abträglichen Einflüsse auf Wachsen und Gedeihen der Bäume nicht richtig zu erfassen verstanden. Zweifler am Phänomen Waldsterben brachten sogar vor, die Schäden, die tatsächlich sichtbar geworden waren, seien eine Folge der Reinigung der Industrieabgase von Stäuben gewesen. Diese Stäube aus Kalk- und Zementwerken sowie die Kohlestäube (der Ruß aus vielen Verbrennungsvorgängen) hätten die Nadeln und Blätter eher geschützt und gegen die Säuren abgepuffert. Als die Lüfte sauberer, aber eben doch nicht rein geworden waren, verschoben sich die Verhältnisse, bis die Düngung aus der Luft mit Stickstoffverbindungen das Wachstum förderte und Schäden auszugleichen anfing. Gut Gedüngtes wächst bekanntlich schneller – und kann dabei aber auch anfälliger werden. Jahr für Jahr gehen 30 bis 70 Kilogramm Stickstoff(verbindungen) pro Hektar über unser Land nieder, weil in den Motoren Luftstickstoff mitverbrannt wird und weil die leistungsfähiger gemachten Heizkraftwerke bei höheren Verbrennungstemperaturen zwar weniger giftiges Kohlenmonoxid, dafür aber mehr verbrannten Luftstickstoff (Stickoxide) erzeugen. Das ganze Land und auch der Wald wird gedüngt. Die aus der Luft niedergehende Stickstoffmenge entspricht einer Vollwertdüngung in der ersten Hälfte des 20. Jahrhunderts auf den landwirtschaftlichen Kulturen. Das ist nicht wenig und beschleunigt das Wachstum der Bäume, wenn milde Winter und warme Sommer dazu kommen. Waldsterben-Experten werden dem sicherlich vehement widersprechen oder ausführen, daß alles doch viel komplizierter sei als hier in dieser vereinfachten Form dargestellt. Womit sie Recht haben und trotzdem falsch liegen: Denn so nachvollziehbar diese Argumentationskette ist, und so wenig sie widerlegt wurde, so wenig geht es darum, ob ein Modell zu vereinfacht oder kompliziert genug entwickelt ist – was zählt, ist, ob es sich bewährt. Das einfache Modell kann genauso gut oder durchaus auch besser als das komplexeste sein, wenn es im

Rahmen des Möglichen oder Anzustrebenden bessere Vorhersagen liefert. Die Wirklichkeit fällt das Urteil, nicht das Wunschbild der Propheten.

Bezüglich des Wetterberichts haben wir uns damit abgefunden, zu Beginn der Woche nicht verläßlich genug erfahren zu können, wie das nächste Wochenende oder wie die Wetterlage während der von uns geplante Ferienzeit am Ferienort sein wird. Dennoch sind wir dankbar zu hören, wie das Wetter ist, vor allem andernorts, wo man vielleicht selbst gerade hinfahren möchte oder muß. Das ist zweifellos ein erheblicher Vorteil.

An den Klimamodellen für die nächsten 20, 50 oder 100 Jahre ist sicherlich viel akademisches Interesse vorhanden; vielleicht noch mehr politisches, wenn sich die Bedrohungen in Steuererhöhungen umsetzen lassen. Bei so etwas Mittelfristigem wie dem Waldsterben, traf die Prognose in die schwächste Seite. War doch von Anfang an klar, daß sie von genug Menschen erlebt und überprüft werden wird, wenn das laufende Sterben in nur gut einem oder eineinhalb Jahrzehnten beendet sein sollte – mit dem Tod des Waldes und nicht mit dessen Wiederauferstehung. Die Gegenmaßnahmen hätten sich aber erst in Jahrzehnten positiv bemerkbar machen können; unbekannte Verzögerungszeiten noch gar nicht mit berücksichtigt! Der Grundfehler war, daß die Prognose auf einen konkreten Zeitraum bezogen wurde und nicht als statistisches Ereignis, wie bei den Hochwassern, behandelt wurde. Die Zeitachse war konkretisiert und das wurde der Prognose zum Verhängnis. Jetzt bleibt nur das »vielleicht stirbt der Wald doch, nur nicht jetzt, sondern später (einmal)«.

Die Hochwasserkalkulation ist einfacher. Sie hat nicht direkt mit Leben und Lebewesen zu tun, sondern mit Ereignissen der wirklich rein physikalisch-chemischen Witterung, also nichtlebendigen Naturvorgängen und -kräften. Das erlaubt den Wasserbau-Ingenieuren wie auch den zugehörigen Ämtern, von Hochwasser-Wahrscheinlichkeiten zu sprechen. Tritt das Ereignis tatsächlich ein, wird Krisenbewältigung betrieben. Und man kann gegebenenfalls, wenn es zur Überflutung und zu Schäden kommt, auf die Versäumnisse hinweisen, die zur Flut geführt hatten. Schuld ist – weder was die Prognose der Hochwasser-Wahrscheinlichkeit betrifft, noch dessen Bewältigung – in der Regel niemand. Wenn die Deiche nicht zu Dämmen ungewandelt worden sind oder von vornherein mit wasserdichten Spundwänden in ihrem Innern errichtet wurden, ließ sich natürlich eine Durchweichung und ein Brechen bei wirklich starken und lange anhaltenden Hochwassern nicht ausschließen. Dazu braucht man keine Vorhersage mit einem zeitabhängigen Teil, der mitteilen würde, wann und wo dieser Fall eintreten könnte. Die Möglichkeit, daß es Hochwasser der Stärken gibt, wie sie durchschnittlich einmal pro Jahrzehnt, in 50 oder 100 Jahren oder gar in einem halben oder ganzen Jahrtausend auftreten, reicht aus. Die Elbflut vom August 2002 hätte genausogut ein paar Jahrhunderte später kommen können und trotzdem wäre ihre statistische Vorhersage richtig gewesen. Sie hätte im entsprechenden Zeitraum, dem sie zugeordnet werden wird, auch gar nicht oder mehrfach kommen können, und immer noch hätte dieses statistische Vorhersage-System seine Richtigkeit behalten.

Bezogen auf das Problem des weltweiten Klimawandels heißt das, daß selbst wenn alle Berechnungen und Szenarien richtig sein sollten, in dem Sinne, daß sie auch eintreten wie vorhergesagt, sie nichts zu den möglichen Betroffenen oder zur Größe von Schäden aussagen. Denn diese gehören zu einem ganz anderen, von Wetter und Klima unabhängigen System.

Noch etwas gehört zu derartigen Prognosen: Sie verraten ebensowenig wie die Lotto-Statistik von der Vielzahl der erfolglosen Versuche oder über bessere Möglichkeiten, denn diese läßt das Modell gar nicht zu. Es kann – und wird höchstwahrscheinlich – zwar anders kommen als vorhergesagt, aber gleichgültig, wie es kommt: es kommt so, wie es kommt. Wir haben keine Möglichkeit (außerhalb von theoretischen Modellen), Alternativen zu erleben. So wenig wie das Waldsterben hatte kommen oder nicht kommen können – bei dieser Art von Vorhersage mußte ein Ergebnis zustandekommen –, so wenig ist uns sonst bei Prognosen, in welche der zeitliche Zusammenhang mit eingeht oder mit einzubeziehen (gewesen) wäre, die Verwirklichung eines »Was-wäre-gewesen-wenn« möglich. Die Alternativen finden nicht statt. Deshalb wird sich das, was tatsächlich eintritt, auch niemals gegen die andere(n) Möglichkeit(en) werten lassen. Es hat sie nicht gegeben. Hätte es auch nur eine davon gegeben, wäre wiederum die Wirklichkeit gewordene nicht gewesen. Hierin steckt die größte Schwäche solcher Modelle und Prognosen. Eine Wiederholung, ein Zweitlauf, ist nicht möglich. Das fatalistische »Es kommt, wie's eben kommt« trifft mit voller Härte sowohl die Modellbauer wie auch die möglicherweise von der Wirklichkeit oder den Folgen der (angenommenen und verwirklichten) Modelle betroffenen Menschen. Wenn sich eine scheinbar nur kleine oder gar nicht als solche und in ihrer späteren Bedeutung erkannte Rahmenbedingung ändert, kommt es anders als gedacht.

Wahrscheinlich scheitern so gut wie alle Modelle dieser Art an genau diesem Grundprinzip. Weil sie die offene Zukunft auf einen Punkt oder für einen bestimmten Verlauf festmachen wollen. Selbst wenn sie Abweichungen und Schwankungsbreiten zulassen, kanalisieren sie im Prinzip die Zukunft, so wie der Wasserbauer den Wildfluß mit der Kanalisierung zu beherrschen versucht: Indem er ihm die vorhandenen Möglichkeiten nimmt und nur eine offenhält. Im Wasserbau mußte buchstäblich mit größtmöglicher Härte, mit Granit und Beton oder Stahlspundwänden, vorgegangen werden, um diesen Zwang ins zukünftige Verhalten erzielen zu können. Die modernen Propheten spielen ihre Modelle außerhalb der Natur im Computer durch. Dabei bezwingt auch das beste Modell nicht die Wirklichkeit. Aber man setzt diese Computer-Propheten unter Zwang, die Modellrechnungen zu vollziehen, weil das Modell (eigentlich) ja richtig werden müsse. Wo sich die Wasserbauer mit massivstem Zwang am freien Fluß damit begnügten, Eintrittswahrscheinlichkeiten der Hochwasserfluten statistisch zu ermitteln und sie für diesen Möglichkeitsfall auszubauen versuchten, trachten die modernen Zukunftsmodellbauer nach unvergleichlich mehr. Sie wollen das freie Spiel der Zukunft ihrem Zwang unterwerfen, zum richtigen Ergebnis zu kommen. Was ist dieses richtige Ergebnis? Warum wird ihm so viel Bedeutung beigemessen, daß dieser Art von Zukunftsforschung gleichermaßen enorme Kapazitäten und Mittel zur Verfügung gestellt werden und ihre Modellbefunde auch noch für so wahr gehalten werden, daß »wahr« und »richtig« gleichgesetzt werden? Müssen wir dem folgen?

7. Wandel und Wertung

Ein Klimawandel wird stattfinden. Das ist genau so sicher wie die Annahme, daß es einen globalen Wandel geben wird. Das Gegenteil, die Unveränderlichkeit, wäre absurd. Niemand kann ernstlich glauben, daß sich nichts im Verlauf der Zukunft wesentlich verändern wird. Die Geschichte hat kein Ende. Sie wird weitergehen, Neues bringen und Althergebrachtes bis zur Unkenntlichkeit verändern.

Für den Wandel sprechen die Erfahrungen aus der Vergangenheit, die Geschehnisse, wie auch die Fakten der Gegenwart, die Änderungen anzeigen. Weil sie nicht mehr bloß Schwankungen um so etwas wie einen stabilen Mittelwert sind, sondern einen Trend ergeben, der sich auch mathematisch absichern läßt. Die Propheten der Veränderungen, die da kommen werden, brauchen uns also gar nicht erst davon zu überzeugen versuchen, daß es zu Änderungen kommen wird. Sie sind normal, sie sind zu erwarten und sie sind immer vorgekommen. Und sie sind aus Sicht der Evolution wünschenswert.

Nicht einmal um das Ausmaß der Veränderungen kann es eigentlich gehen. Denn wiederum zeigt ein Blick in die Geschichte wie auch in die Erdgeschichte, daß starke Änderungen in der Regel ziemlich plötzlich aufgetreten sind. Die Klimaschwankungen im letzten Jahrtausend etwa ergaben sich nicht aus allmählicher Zunahme der Temperaturen oder deren Abnahme. Die Kleine Eiszeit kam so abrupt wie die Zwischenperioden mit wieder überdurchschnittlicher Wärme oder die guten Zeiten des mittelalterlichen Klimaoptimums. Auch haben die Hochwasser nicht allmählich zu- oder abgenommen. Im Gegenteil: Sie waren so unvorhersehbar in früheren Zeiten wie sich auch jetzt und in Zukunft nicht voraussagbar sein werden.

Warum also kommen wir mit dem Wandel nicht zurecht? Dünken wir uns den früheren Generationen überlegen, die in ihrer Unwissenheit hatten hinnehmen müssen, was der Himmel brachte, oder mit Stoßgebeten zum Himmel Gnade vor den Unbilden erflehten. Meinen wir wirklich, in absehbarer Zukunft die großen Vorgänge, Wetter und Klima, den Großhaushalt der Natur der Erde, in den Griff zu bekommen und nach unserem Belieben steuern zu können? Mit den Atombomben hätten wir zwar die Menschheit und große Teile der Natur vernichten können, aber an der Wetter- und Klimamaschine Weichen stellen zu wollen, ist wohl doch nur aberwitzige Überheblichkeit.

Nun entspringt eine derartige Überheblichkeit nicht einfach dem Nichts. Sie geht hervor aus einer anderen, vorgeschalteten, nicht minder überheblichen Grundannahme, daß ausgerechnet der Zustand der Erde in unserer Zeit (oder kurz davor, als sie noch schön war!) der beste aller möglichen Zustände (gewesen) sei. Diesen gälte es wiederherzustellen.

Lassen wir die Machbarkeit dieses Ansinnens zunächst einmal beiseite und versuchen, die Frage genauer zu fassen: Gibt es tatsächlich eine Berechtigung für die Annahme, das Klima der Erde, das drauf und dran ist, sich zu verändern, sei vor etwa 100 Jahren in seinem bestmöglichen Zustand gewesen? Oder der Naturhaushalt, die Flüsse, die Meere, die Wälder? Gab es in historischer, also menschengeschichtlicher Zeit diesen Idealzustand, auf den wir die Welt wieder zurückbringen sollten?

Beginnen wir beim Klima und einer Größe, der Durchschnittstemperatur, die die Modellierer der Zukunft für diesen Bereich präsentieren; das macht es einfacher, die Grundlagen für die Bewertung zu betrachten. Diese Durchschnittstemperatur ist (wie wir gehört haben und den Klimaforschern glauben können) in den letzten 100 Jahren um etwa ein Grad Celsius angestiegen. Und sie wird weiter ansteigen, darin sind sich die meisten Klimaforscher einig; weniger sicher, aber um wieviel? Um zwei oder drei Grad oder gar mehr?

Nun kommt diese Klimaerwärmung aber, wie bereits gesagt, aus einem Tiefstand der kleinen Eiszeit heraus. Der gegenwärtige Durchschnittswert, so er denn bei lediglich ein bis zwei Jahrzehnten sinnvoll als Durchschnitt gewertet werden kann, nähert sich jenem Wert an, der in etwa dem Durchschnitt der letzten 10.000 Jahre entspricht. Dieser wurde häufig, wahrscheinlich in rund zwei Dritteln dieser Zeitspanne deutlich, phasenweise um drei Grad oder mehr übertroffen. Wir würden uns mit den Modellen für die klimatische Entwicklung in näherer Zukunft lediglich im Bereich bereits bekannter und normaler Schwankungen bewegen. Nacheiszeitlicher Schwankungen wohlgemerkt, denn in den früheren Zwischeneiszeiten war es so warm in Europa (und andernorts global), daß Nilpferde in der Themse lebten.

Die nächstgrößere Betrachtungsebene jenes erdgeschichtlichen Zeitalters, dem unsere Gegenwart angehört, ist durch jenen sehr starken Wechsel von subtropisch-tropischen Warm- und eisigen Kaltzeiten gekennzeichnet. Daher wird von der eiszeitlichen Klimaschaukel gesprochen. Die Zeitspanne, um die es geht, umfaßt die letzten zweieinhalb bis drei Millionen Jahre, das Eiszeitalter oder (wissenschaftlich) Pleistozän. Unsere Jetztzeit, das Holozän, stellt nur eine ganz kurze Phase in einer wahrscheinlich weiteren Zwischeneiszeit dar, die nach Überschreiten des Höhepunkts der letzten Vereisung vor 18.000 Jahren begann, als Gletscher von den Alpen bis an die heutigen Stadtgrenzen Münchens geflossen waren und der riesige skandinavische Eisschild die Nordsee und weite Teile des norddeutschen Tieflands unter sich begraben hatte, und aller Wahrscheinlichkeit nach als solche die nächsten Jahrtausende oder Jahrzehntausende weiter bestimmend sein wird. Bis die Eiszeit wieder zurückkommt und neue gewaltige Eisvorstöße heute dicht von Menschen besiedeltes Land weitflächig unter sich begraben werden.

Das Eiszeitalter, das Pleistozän, ist nun wiederum (letzter) Teil einer noch größeren Entwicklung, die durch den wahrscheinlichen Einschlag eines Riesenmeteoriten vor gut 65 Millionen Jahren in Gang gesetzt worden ist. Die Erdgeschichtsforschung bezeichnet dieses auf das Erdmittelalter folgende Zeitalter als das Tertiär. Viel, viel wärmer als in unserer Zeit war die Erde in dieser Tertiärzeit. Sie brachte jene Fülle an Lebewesen hervor, darunter auch die Ausgangslinie, die zum Menschen führte. Die Kaltzeiten der am vorläufigen Ende dieses Tertiärs in Gang gekommenen Eiszeitperiode verursachten das Aussterben vieler Lebensformen. Offenbar waren diese den Wechselbädern der Klimaschaukel zwischen sehr warm und sehr kalt nicht gewachsen, die mit der Eiszeit kamen. Stets starben weitaus mehr Arten in den Kaltzeiten aus als sich in den warmen Zwischenzeiten neuentwickeln konnten. Im Vergleich zum Ende des Tertiärs, also zum Beginn des Eiszeitalters, ist die Erde heute verarmt, auch wenn eine Reihe von an Kälte angepaßten Arten (wie der Eisbär) hinzugekommen sind. Gewinner und Verlierer gibt es immer in der Evolution. Sie lebt und funktioniert aus den Veränderungen heraus, nicht aus der Statik von Ruhephasen.

Zurück zur Ausgangsfrage: Was berechtigt uns zu der Annahme, das Klima am Ende oder in der Endphase der Kleinen Eiszeit sei das beste aller möglichen Klimata gewesen, so daß wir diesen Zustand, diesen Durchgangszustand des 19. Jahrhunderts, wieder anstreben sollten? Nichts, rein gar nichts berechtigt uns zu dieser Festlegung. Genausogut könnten wir, der Einfachheit einer einprägsam glatten Jahreszahl halber, den Wert für das (oder um das) Jahr 2000 zugrundelegen. Jedes Jahr, jede Periode, weist einen eigenen Gang auf. Das 19. Jahrhundert war weder die gute, alte Zeit noch sonst in irgendeiner Weise hervorgehoben aus den Jahrhunderten davor. Ebensogut könnten wir auch das Klimaoptimum des Mittelalters als Zielwert festlegen. Ein Wert ist so gut oder so nichtssagend wie der andere. Die Natur als solche, mit ihren Lebewesen und nicht lebendigen Vorgängen, gibt uns nichts an die Hand, gut von besser oder schlechter zu unterscheiden. Jede Festlegung ist reine Willkür.

Wer den Anstieg der Durchschnittstemperaturen in den letzten 100 Jahren werten möchte, muß begründen, worauf sich die Wertung bezieht. Auf die Natur sicherlich nicht. Wahrscheinlich auch nicht auf die Bedürfnisse und Ansichten vieler Menschen. Die sehnten sich jahrhundertelang nach Wärme und »besserem« Wetter. Die Kleine Eiszeit hatte ihnen Hungersnöte und Wassernot gebracht. Wer sie mit ihren niedrigeren Durchschnittstemperaturen einfach deswegen als Bewertungsgrundlage heranzieht, weil damals, vor gut zweieinhalb Jahrhunderten die regelmäßigen Temperaturmessungen eingeführt worden waren, handelt menschenverachtend. Wer darf sich überhaupt anmaßen, festzulegen, was für die Menschheit gut und richtig sei? Das mag bei moralischen Grundsätzen noch angehen, auch wenn die Moral von Mores, den Sitten, kommt und diese bekanntlich recht unterschiedlich sein können. Der kleinste gemeinsame Nenner in den Menschenrechten ergibt dann doch eine moralische Grundlage. Aber wer der Menscheit vorschreiben will, welches Klima sie haben oder gar wählen soll, der hat ganz gewiß nicht die Natur auf seiner Seite. Ihr wird der Prophet mit Sicherheit nicht entnehmen können, was sein soll oder sein müsse. Weil es so gut und richtig sei. Dieses Urteil ist und bleibt ein rein menschliches, vielleicht auch bei allem guten Willen, der zugrundeliegen mag, ein unmenschliches. Weil es anderen aufzwingen möchte, welchen Zustand in einer dynamischen Welt sie annehmen und auch für gut und richtig empfinden sollen.

Bei dem vergleichsweise noch einfachen Einzelfaktor Temperatur kommt diese ökodiktatorische Grundhaltung höchst deutlich zutage. Es gibt keinen naturwissenschaftlich-sachlichen Grund, die Talsohle, aus der heraus sich der neuzeitliche Temperaturanstieg entwickelt hat, als einzig richtige unter allen anderen Durchschnittstemperaturen auszuzeichnen.

Also muß die nächste Stufe bemüht werden, um das Negativbild des Temperaturanstiegs auf der Erde zu retten. Die emotionale Sicht tritt vor: »Unsere Erde liegt im Fieber«. Was hätten die Verfasser dieses griffigen Bildes wohl gemacht, wenn sie vor 300 Jahren gelebt hätten. Dann hätte es geheißen: »Unsere Erde erfriert« (mit all dem schönen Leben darauf!). Fast sieht man sich an die Schlagzeilen der Boulevardpresse erinnert, die mit stetiger Wiederkehr ihrer Schlagzeilen abwechselnd über das schlechte Wetter klagt: weil es für die Jahreszeit zu kalt/zu warm (im Winter) und zu regnerisch ist, um dann über die Affenhitze zu stöhnen, wenn ein paar Schönwettertage mehr gekommen sind. Zufriedenstellen kann das Wetter nie und könnte es auch dann nicht, so es gemacht werden könnte. Denn manche mögen's heiß und andre wieder kalt. Niemand sollte sich da ausnehmen; auch jene nicht, die in den klimatisierten Computerräumen sitzen und ihre Klimamodelle durchrechnen. Wieviele von ihnen fahren zwischendurch dann doch mit Begeisterung in den warmen Süden wie die große Mehrheit der Bevölkerung Mittel- und Nordeuropas auch. Also wird mit dem Aussterben vieler Arten und der Verschiebung ganzer Klimazonen gedroht, wenn die gegenwärtige Klimaveränderung so weiterlaufen sollte, wie sie läuft.

Was die Verschiebung der Zonen des Vorkommens von Pflanzen und Tieren anbelangt, so haben wir jede Menge Beispiele aus der Vergangenheit hierfür. Nichts, auch nicht die Wälder und die Klimazonen der Erde sind und bleiben von Natur aus stabil. Das ist hinlänglich bekannt. Als vor 18.000 Jahren das Abschmelzen der Gletscher in Europa einsetzte und sich verstärkte, dehnten sich zwischen dem alpinen Nordrand und dem norddeutschen Südrand weitflächige Tundren aus, auf denen letzte Mammuts und Wollnashörner zusammen mit Urwildpferden und Löwen einherzogen. Von geschlossenen Wäldern weit und breit keine Spur. In den 10.000 Jahren seither, willkürlich als das Ende der letzten Eiszeit bezeichnet, entwickelten sich ganz unterschiedliche Typen von Wäldern und folgten, jeweils nur einige wenige Baumgenerationen lang, dauernd aufeinander. Unsere heutigen Buchen(hoch)wälder sind vorerst die letzte, wahrscheinlich in ihrer Ausbreitung und Verteilung vom Menschen geförderte Hauptbaumart. Gefährdet, weil man – wie in die Eichenwälder um der Eicheln willen – in die Buchenwälder die Schweine treiben konnte, damit sie viel Speck ansetzten. Bucheckern und Eicheln sind und waren wichtiges Schweinemastfutter, bevor künstliches Kraftfutter eingeführt wurde. Fichten stellen erst seit so kurzer Zeit die Hauptbaumart dar: in Liedern, Sagen und in der Umgangssprache wird – nach wie vor – von Tannenwald gesprochen, obwohl es gegenwärtig wesentlich mehr Fichten als Tannen gibt.

Mit der Änderung der Wälder, mit dem vom Menschen mit verursachten Landschaftswandel, wie ihn vor wenigen Jahren Hansjörg Küster so eindrucksvoll beschrieben hat, veränderten sich natürlich auch die Zusammensetzung des Artenspektrums und die Häufigkeit vieler Arten von Pflanzen und Tieren. Wie in der freien, in Kultur genommenen Landschaft auch. Daß sie in Deutschland gegenwärtig wieder rund ein Drittel Waldbedeckung in Form von Forsten aufweist, ist eine Errungenschaft der modernen Forstwirtschaft nach Jahrhunderten übermäßiger Ausbeutung der Wälder bis hin zu ihrer weitgehenden Vernichtung. Der Bedarf an Holz und nicht etwa die Erkenntnis, daß Wälder besser seien fürs Klima, führte zu geregelter Forstwirtschaft mit einem Prinzip, das heutzutage (angeblich) wieder neuendeckt worden ist, nämlich der Nachhaltigkeit. Auf Klima oder zu erwartende Witterungsabläufe nahm die nachhaltig wirtschaftende Forstwirtschaft jedoch bis in die allerjüngste Zeit keine Rücksicht. Ihr ging es nicht darum, ob die Fichte, die man pflanzte, auch an der für diese Baumart richtigen Stelle wächst oder nicht, sondern einfach um einen möglichst schnellen Ertrag. Nach genau dieser Denkweise pflanzte man im Mittelmeergebiet und auch vielerorts in Amerika australische Eukalyptusbäume oder in anderen Tropenregionen karibische Kiefern.

Die Kulturpflanzen des Menschen vollendeten die Globalisierung der pflanzlichen Produktionsgüter bereits schon vor ein bis zwei Jahrhunderten. Mit Mais und Kartoffeln aus Amerika oder Reis aus Ostasien überziehen sie das landwirtschaftliche Nutzland global, zusammen mit Weizen, Gerste, Hirse und ein paar anderen Pflanzenarten oder Zuchtformen gerade so wie die wenigen Haustierarten, allen voran Rind, Schwein, Schaf und Ziege sowie, etwas eingeschränkter, das (Haus)Pferd weltweite Verbreitung fanden.

Das ist die Wirklichkeit, auf der sich die Theorie der Verschiebung ganzer natürlicher Lebensgemeinschaften vollziehen soll. Wir haben diesen ohnehin nur noch Reste an hinreichend natürlicher (im Sinne von ursprünglicher) Natur übriggelassen. Aus Sicht dieser freilebenden Tiere und Pflanzen, der großen Mehrheit der Lebewesen also, wäre es geradezu wunderbar, könnten sie sich bei klimatischen Änderungen mitbewegen. Nein, es sind nicht Wetter und Klima, die den Fortbestand der Artenvielfalt bedrohen. Mit erdrückender Überlegenheit ist es der Mensch mit seinem Wirtschaften, der ihnen die Lebensgrundlagen entzieht oder ihnen direkt nachstellt. Für die Natur waren Klimaänderungen stets Impulse, die Neuem zum Durchbruch verhelfen konnten. Mit der Gefahr des Aussterbens von Arten bei weiteren klimatischen Veränderungen zu drohen, ist eine weitere Form von Zynismus, mit der die unmittelbaren Notwendigkeiten, nämlich konkret den Schutz der bedrohten Arten zu verbessern, geschickt zugedeckt werden.

Weil Zeit gewonnen wird für Untätigkeit! Weil an den wichtigen Dingen, wie der Verhinderung des Klimawandels, gearbeitet werden müsse – am besten mit nutzlosen Planungen und Konferenzen! Das verschafft Zeit zum Aufschub des eigentlich längst nicht mehr Aufschiebbaren. Würden wir uns ernsthaft hier und jetzt um die Erhaltung der Lebensvielfalt auf der Erde bemühen, brauchten wir das Schreckgespenst des Klimawandels nicht zu beschwören. Wir könnten jetzt das Nötige tun.

Wie vor 20 oder 30 Jahren, als der Wald starb, und deshalb Verbesserungen in der Luftqualität gefordert wurden. Der Zustand unserer eigenen Lungen und die unserer Kinder waren nicht Bedrohung genug. Der Wald mußte herhalten und da er überlebte, überdauerten auch stinkende Dieselmotoren und die Sonderstellung landwirtschaftlicher Maschinen wie kommerziell betriebener Nutzfahrzeuge. Der geregelte Dreiwegekatalysator fand nur Eingang in die Privat-PKWs mit größerem Hubraum. Der große Rest scheint in Vergessenheit geraten zu sein. Unsere Lungen sind es nicht wert, saubere Luft zum Atmen zu haben. Im übrigen geben sie das so verfemte Kohlendioxid beim Ausatmen von sich. Von den wirklichen Schadstoffen spricht man kaum noch. Man hat mit dem CO_2 ja den Hauptschuldigen für den Klimawandel dingfest gemacht. Und für den globalen Wandel überhaupt. Die weitsichtige, vorausschauende Politik hat so gut wie aufgehört, sich mit dem Zustand der Luft zu befassen, die wir jetzt atmen. Ihr geht es um die Luft in 50 oder 100 Jahren. Der willkürlich gewählte Ausgangspunkt zum Ende der Kleinen Eiszeit liefert die alleinige Begründung, warum das Kohlendioxid in den Brennpunkt gerückt werden mußte. Und nicht all die unvollständig verbrannten Nebenprodukte wie Kohlenmonoxid und die stinkenden Gase aus Dieselmotoren sowie der Dieselruß – den pusten auch öffentliche Verkehrsmittel ungehindert ins Getriebe der Städte. Stillstand in Sachen Luftreinigung hat sich breitgemacht. Die PKWs mit geregeltem Katalysator sollen weniger fahren und ihr Treibstoff wird hoch besteuert: er ist so teuer wie nie. Welch eine Belohnung für die Anschaffung der Katalysatoren! Anstatt Treibstoffe und Motoren am stärksten zu besteuern, die hier und jetzt uns Menschen die Luft zum Atmen verpesten, sind diese am billigsten. So hält auch bei PKWs der Trend zum sparsamen Dieselmotor an. Bissig kann hinzugefügt werden: Je unvollständiger die Verbrennung, desto weniger CO_2 wird ausgestoßen. Die wirklichen Schadstoffe zählen ja nicht mehr.

So fehlt den Folgerungen aus dem Klimawandel nicht nur die sachliche Basis, die ein allgemeines und einwandfreies Nachvollziehen ermöglichen würde, warum gerade dieser Zustand der beste aller möglichen sein solle. Sondern auch das Nutzbringende für die Menschen, welche die Folgen einer Umweltpolitik zu tragen haben, deren Ziele in nebulöser Ferne liegen und nicht in der Beseitigung eklatanter Mißstände der Gegenwart. Was Wunder, wenn die Bevölkerung skeptisch geworden ist und nichts mehr von Natur- und Umweltschutz hören will. Darf sie sich doch ganz zurecht als ausgenutzt und hinters Licht geführt empfinden. Denn wie die Bevölkerung es drehen und wenden mag, stets ist sie es, der sogenannte Mensch, der die Wurzel allen Übels ist.

Um so verwunderlicher ist es, daß sich die Bevölkerung so behandeln läßt. Sogar in demokratischen Staatswesen, in denen sie eigentlich die Mehrheit hat und damit auch das Sagen haben sollte. Sie nimmt es hin und glaubt weiter an die Prognosen und Versprechungen, die doch nicht eintreffen oder eingehalten werden. Und es sind nicht einzelne Gläubige, die in gutem Glauben mitmachen, sondern die große Masse zeigt diese Gutgläubigkeit. Und glaubt und büßt!

8. Der Mensch im Wandel

An den Propheten allein kann es nicht liegen, daß der Mensch so leichtgläubig ist. Propheten, denen kein Gehör geschenkt wird, werden bald keine mehr sein. Gleichgültig, ob es sich um höchst ehrenwert-gute oder um eigennützig-einfältige Prognosen handelt. Viele, wenn nicht die meisten Prognosen werden auch von ihren Urhebern geglaubt. Sie sind fest davon überzeugt, mit ihrem mutigen Blick in die Zukunft Weichen stellen zu können. Um Böses abzuwenden und dem Guten zum Durchbruch zu verhelfen. Allgemeines Kennzeichen von Prognosen, guten wie schlechten, ist das Grundmuster des »wenn-dann«. Wenn ihr so weitermacht, dann werdet ihr die Katastrophe schon erleben. Oder eure Kinder und Kindeskinder! Die laufenden Veränderungen werden zur Vorwarnung auf das ganz Große, das da kommen wird.

Nur allzu leicht sind wir bereit, diese kleinen, ganz normalen Veränderungen als solche Vorboten zu betrachten und zu werten. »Wer jetzt nicht mehr an den Klimawandel glaubt«, war die entsprechende Feststellung jenes Klimaforschers, der zum Elbhochwasser im August 2002 befragt worden war. Allerdings hätte dieser Klimaforscher, so er ein halbes Jahrtausend früher hätte befragt werden können, die damaligen Riesenfluten genau anders herum gedeutet: Als Vorboten der Klimaverschlechterung. Als typische Kennzeichen des Kälterwerdens, das sich ja in den Entwicklungen abzuzeichnen begonnen hatte. Es wird eben nach altbewährtem Muster herausgegriffen, was paßt und an Fakten mißachtet, was nicht zur Prognose paßt. Wieder und wieder läuft dieses Muster ab. Entscheidend ist – das wird sogleich deutlich, wenn man die unterschiedlichsten Prognosen vergleichend betrachtet – daß sich etwas verändert. Nicht, was sich wie stark ändert, sondern die Änderung an sich ist es, der wir so skeptisch entgegensehen. Kurz und einfach ausgedrückt: Wir Menschen wollen offenbar nicht, daß sich etwas ändert! Das ist der springende Punkt: wir möchten am liebsten haben, daß sich möglichst nichts wesentliches verändert. Vor allem, wenn es uns gut geht. Und vor allem auch, wenn die Änderungen nicht genau vorhersehbar sind. Mit dem, womit wir ganz fest rechnen können, kommen wir zurecht, weil wir uns darauf einstellen.

Auch diese Klarstellung mag so sehr als Selbstverständlichkeit erachtet werden, daß es müßig und unnötig erscheint, überhaupt darauf einzugehen. Doch nicht selten ist es das Selbstverständliche, das Triviale, das wichtige und tiefere Einsichten verbirgt. Eine solche wichtige Einsicht ist die biologische Gegebenheit, daß wir, daß unser Körper, ein inneres Gleichgewicht aufgebaut hat und aufrechterhält, das sich gegen die Veränderungen von außen, ja selbst gegen einen unabwendbaren Vorgang, nämlich das Altern, wendet. Jeder Mensch weiß, kaum daß sein Selbstbewußtsein sich entwickelt hat, daß jede Lebensphase nicht mehr als ein Durchgangsstadium im allgemeinen Vorgang von Aufwachsen, Reifen und Altern ist. Dabei gaukelt uns das subjektive Empfinden vor, wir würden uns dabei gar nicht verändern. Unser Geist empfindet sich fest und statisch inmitten all der ablaufenden Entwicklungen. Selbst dann noch, wenn wir, wie von außen betrachtend, auf uns selbst blicken und das körperliche Altern allerorten feststellen. Unsere Psyche tut so, als ob das alles nicht so wäre und wir ein unveränderliches Selbst blieben. Worauf sich ja auch die Vorstellung von der unsterblichen Seele in der vergänglichen Hülle des Leibes gründet.

Tatsächlich sichern vielfältige Regulationsmechanismen den inneren Gleichgewichtszustand. Kommt es nur zu geringfügigen Abweichungen davon, erkranken wir oder unser Leben gerät in Gefahr. Bei den Vögel und Säugetieren mit ihrem geregelt hohen Stoffwechsel ist diese Gegebenheit besonders stark ausgeprägt. Ihr Körper arbeitet mit – in der Regel – festen Betriebstemperaturen innerhalb von geringfügigen Schwankungsbreiten. Bei uns Menschen macht die zulässige Temperaturschwankung rund ein Grad Celsius aus. Steigt die Körperinnentemperatur höher an, haben wir Fieber. Und nur fünf Grad über dem Normalwert wird das Fieber kritisch. Ähnlich verhält es sich mit der Unterkühlung. Wie ein Thermostat stellen innere Regulationsmechanismen die richtige Körpertemperatur ein. Hier ist sie also, die »richtige Temperatur«. Wir brauchen sie für unser Wohlbefinden. Abweichungen davon muß unser Körper in engen Grenzen halten. Wie auch bei Blutzuckerspiegel, Hormonkonzentrationen und vielen anderen Gegebenheiten und Vorgängen im Körper. Sogar Wachstum und Entwicklung müssen in einem eng bemessenen Rahmen verlaufen. Abweichungen davon führen zu Störungen, zu Fehlentwicklungen oder zum Tode.

Homöostase, inneres Gleichgewicht, nennt die Wissenschaft diese Stabilität der Abläufe in unserem Körper, der ansonsten so viel auf- und umbaut und umsetzt. Sein Energieverbrauch, der all dieses sichert, liegt hoch. Selbst im Schlaf verbraucht der Körper noch zwischen 55 und 83 Watt; bei Schwerstarbeit steigert sich der Verbrauch auf bis zu 1400 Watt, dem etwa 15fachen des Grundumsatzes.

Dabei arbeitet der Körper nicht in all seinen Teilen gleich. Allein das Gehirn kostet mit seiner Tätigkeit, bei der kein Muskel bewegt wird, rund ein Fünftel des Grundumsatzes oder doppelt soviel wie das beständig schlagende Herz. Auf die Leber entfällt mehr als ein Viertel. Auf die übrigen Organe und die Muskulatur entsprechend ihrer Inanspruchnahme. Das alles muß der Körper zu einer inneren Beständigkeit zusammenführen und so regeln, daß die Abweichung in der Körpertemperatur im Ein-Grad-Bereich bleibt. Obwohl praktisch jede Aktivität als Begleiterscheinung Wärme erzeugt. Ein präzise arbeitender Kühl- oder

Wärmeschrank mit genau eingestellter Temperatur ist ein grobes, schlichtes Produkt der Technik im Vergleich zu dieser höchst aufwendigen inneren Regulation. Sie funktioniert außerordentlich genau, läßt aber dennoch Spielraum für die Entwicklung; für Wachsen und Altern. Auch wenn der Energiebedarf im Alter auf fast die Hälfte dessen absinkt, was ein Kleinkind pro Kilogramm Körpergewicht braucht, spürt der Mensch kaum mehr, als daß ihn im Alter eher friert als das Kind, das überschüssige Energie abzuführen hat.

Unser Wunschbild von der äußeren Beständigkeit, die nur Raum für geringfügige und sinnvoll gerichtete Veränderungen läßt, stellt wohl nicht viel mehr als eine Spiegelung der inneren Welt unserer Körper dar. Diese müssen nach Homöostase trachten. Stetes, gutes Wachsen und Gedeihen setzen eine entsprechende äußere Beständigkeit voraus, damit sich der Körper ungestört entwickeln kann. Störungen beeinträchtigen diese Entwicklungen. Fallen sie zu heftig aus, gerät die geordnete Entwicklung, die Evolution, zur Revolution.

Sich ändernde äußere Anforderungen oder Einwirkungen strapazieren das innere Gleichgewicht. Sie sind nur in gewissem Maße ertragbar, ohne Störungen zu verursachen. Bleiben sie uns erspart, läuft alles ganz von selbst. So betrachtet wären innere Widerstände gegen allzu starke äußere Veränderungen nicht bloß simpler Ausdruck von Behäbigkeit oder zu geringer Flexibilität, sondern ein ursprüngliches Überlebensprogramm, das über die Zeiten hinweg förderlich war. Wer es schaffte, Situationen zu meiden, in denen sich zuviel ändert, hatte bessere Chancen zu überleben, durchzukommen und Nachkommen zu hinterlassen. Der Tollkühnheit sind Grenzen gesetzt. Denn langfristig zählt in der Evolution der Fortpflanzungserfolg und nicht die momentane Superleistung. Ein gewisses Maß an Feigheit gehört zur sinnvollen Überlebensstrategie. Wie auch ein entsprechendes Maß an Mut. In diesem »gewissen Maß« konzentriert sich die Überlebenswahrscheinlichkeit. Was davon abweicht, ist von Übel. Oder aus dem Lot, wie es früher im Althochdeutschen hieß (ubiloz, das Übel). Im Prozeß der Evolution sichert dieses Verhaltensprogramm den Zusammenhalt über die Beständigkeit. Es ist ein konservatives Programm im direkten Wortsinn; ein Erhaltungsprogramm.

Die Überlagerung des Emotionalen mit dem rationalen Geist im Zuge der Menschwerdung ließ gleichsam bewußt werden, daß es nicht gut ist, zu starken Veränderungen ausgesetzt zu sein. Mit der Entwicklung der Kultur wurden diesen äußeren, mehr oder minder unvorhersehbar-chaotischen Einwirkungen neue, recht wirkungsvolle Mechanismen entgegengesetzt. Feuer, kontrolliert angewandt, spendet Wärme und erhält dem frierenden Körper lebenswichtige Reserven. Höhlen und Häuser schützen vor den Unbilden der Witterung, die allein im Tag-Nacht-Wechsel ausgeprägt genug sind, den Körper des nackt gewordenen Primaten heftig zu strapazieren. Hunger und Durst in ihrem mehr oder weniger heftigen Wechsel wurden ausgeglichen durch Vorratswirtschaft und technische Leistungen. Im weitesten Sinne sichern sie uns das Leben. Je ausgeprägter, desto besser! Nur die ganz großen, nicht abwendbaren, weil nicht beherrschbaren Katastrophen bedrohen noch diese Emanzipation von der Natur: Erdbeben großer Stärke, Vulkanausbrüche, Flutkatastrophen, Stürme schwerster Art. Natürlich auch Seuchen und Krankheiten oder die eigenen Artgenossen. Doch diese Bedrohungen gehören bereits zum lebendigen Bereich, der sich seiner Natur nach – verglichen mit Wetter, Wind und Wasser– durch eine weitaus geringere Kontrollierbarkeit auszeichnet. Bei den Gefährdungen der unbelebten Natur hat die Menschheit weithin die mittleren, vielfach auch die größeren Stärken schon gemeistert. Nur die ganz großen Dimensionen, Stahlbeton zerreißende Erdbeben oder Fluten, bei denen alle Dämme brechen oder überlaufen, fordern uns noch heraus. Gegen den normalen Wechsel im Wetter oder Klima, wenn wir uns mit modernen Verkehrsmitteln schnell in andere Klimazonen begeben, sind wir gefeit und abgeschottet durch entsprechende Kleidung und Unterkünfte.

Wo aber die kleinen Herausforderungen nichts mehr bedeuten, wächst die Angst vor den großen, den noch nicht beherrschbaren Naturereignissen um so stärker. Die Abflachung der kleinen und mittleren Schwankungen zur Normalität macht die großen Abweichungen, die Singularitäten, um so gefährlicher. Diese rationale Einsicht verbindet sich mit der emotionalen Ablehnung des Wechsels zum massiven Widerstand gegen den Wandel. Das Ergebnis ist eben jenes Alles-bleibe-so-wie-es-ist, das sich gegen normale natürliche Entwicklungen und Veränderungen zu stemmen versucht. Und die Binsenweisheit sagt, daß der Widerstand gegen jedwede Veränderung um so größer wird, je mehr Äußerliches angesammelt worden ist. Wer (viel) Besitz hat, fürchtet den Wandel (viel) mehr als der wenig Begüterte oder die Habenichtse, die nichts zu verlieren haben. So verhält sich denn auch im normalen Lebensablauf der junge Mensch veränderungsbereiter als der reife, gealterte, dessen Bestreben darin zentriert ist, Stabilität zu bewahren. Normale menschentypische, nicht unbedingt aber mitmenschenfreundliche Eigenschaften spiegeln sich in diesem Grundverhalten, das in der eigenen Entwicklung oder mit eigener Leistung Erzielte zu erhalten. Sei es das körperliche Wohlbefinden oder das Vermögen.

So verwundert es auch nicht, daß es in der globalen Verteilung gerade die reichen Länder sind, die möglichst keinen Wandel wollen und sich infolgedessen gegen Klimaveränderung oder globalen Wandel wenden. Für die armen Länder ist dies kein wesentlicher Gesichtspunkt oder gar eine Zukunftsperspektive. Sie wollen zuallervorderst auf das Niveau der Reichen kommen. Dann kann man über Umweltschutz, Klimaveränderung und die Zukunft reden. Derweilen sinnieren die Reichen darüber nach, wie sie eine nachhaltige Entwicklung gestalten könnten. Eine, die sie nicht ärmer macht, die Armen aber einer besseren Zukunft entgegenführt – sozial ausgewogen und global umweltverträglich, nachhaltig eben.

Wenn, wie gegenwärtig, ein Viertel oder ein Fünftel der Menschheit 80 Prozent der Energie, die umgesetzt wird, verbrauchen, ist rechnerisch die logische Folge, daß es zur Umschichtung kommen muß. Denn da die Energiereserven begrenzt sind, muß der Energieverbrauch der reichen Länder auf 20 Prozent zurückgeschraubt werden, sollte sich nichts (mehr) verändern. Die tatsächlich erreichten fünf Prozent Rücknahme anstatt nötiger 65 Prozent bewirken natürlich global gar nichts, weil sie längst überholt worden sind von den Zuwachsraten bei den Schwellenländern. So lassen sich Prozentsätze im Modell beliebig hin und her schieben. In der Welt draußen, im wirklichen Leben, wurden daraus keine Konsequenzen gezogen. Vielleicht sollen sie gar nicht gezogen werden, gibt es doch seit alten Zeiten ein probates Mittel: Die Reichen geben den Armen, wenn diese wieder einmal, wie so oft, von einer Naturkatastrophe heimgesucht worden sind. Auch wenn sie diese selbst durch Abholzung der Wälder, Mißbrauch der Flüsse und Ansiedlungen an hochgradig gefährdeten Stellen sehr stark mitverursacht hatten. Wo die Natur »zurückschlagen« wird, wie oft gesagt wird – als ob die Natur etwas erleiden und empfinden oder gar rächen könnte! Die Hilfsleistungen geraten dann zum Sühneopfer für den eigenen Wohlstand; zu einer neuen Art von Ablaß. Der wird heutzutage vom Staat mit derselben Methode und Unverfrorenheit wie weiland von den Kirchenmännern für ein besseres Jenseits kassiert. Längst liegt die Steuer nicht mehr beim biblischen »Zehnten«, sondern sie wurde verdrei- bis verfünffacht. Getarnt durch viele Bemäntelungen mutiert sie schneller als jeder Parasit, wo immer sich neue Ansatzmöglichkeiten eröffnen. Handlanger für dieses Geschehen sind auch die modernen Propheten mit ihren Weissagungen, die nicht viel mehr als schlechtes Gewissen erzeugen. Dieses aber dafür um so intensiver. Sie haben die inneren Widerstände gegen die äußeren Veränderungen als kraftvollen Bündnispartner, auf dessen Solidarität sie mit Sicherheit rechnen können. Das schlechte Gewissen bildet den besten Nährboden für düstere Zukunftsprognosen. Umgekehrt wären gute Aussichten ein nur mäßiger Anreiz. Wer würde es auch wagen, nach noch mehr und noch Besserem offen zu trachten, wo es in der Welt doch so viel Elend und Armut gibt. Der sogenannte Merkantilismus vielleicht ausgenommen, denn er geht schlicht und einfach davon aus, daß das, was Erfolg bringt (in Geld und Werten) auch gut und richtig ist. Ein gutes Image nach außen läßt sich damit allerdings nicht entwickeln. Also wird offenes Streben nach Erfolg verpönt und mit Steuern und Spenden öffentlich gesühnt. Der edle Spender darf meistens genannt werden. Warum er spenden konnte, wird dann nicht mehr allzu direkt hinterfragt.

Aber es kommt noch etwas mit ins Spiel, das insbesondere in Zeiten großer und schneller Veränderungen in den Vordergrund rückt und die sinnvollen Entwicklungen blockiert. Es ist dies das Argument der Geschwindigkeit, mit der sich die Veränderungen vollziehen würden: zu schnell, um mitzukommen – für die meisten Menschen und für die Natur allemal. Sie muß wieder herhalten für einen Bremsmechanismus, bei welchem vor allem die Älteren in der Gesellschaft mit ihrem Beharrungswunsch und mit dem System, das sie über die Verwaltungen und öffentlichen Einrichtungen aufgebaut haben, die Jüngeren bremsen oder hindern wollen, die Entwicklung weiterzutreiben.

Bekannt und zu Bonmots geworden sind jene Äußerungen über die Geschwindigkeit der ersten Eisenbahnen, mit denen die Natur des Menschen bei Tempo 40 nicht mehr mithalten könnte. Die Pferdefuhrwerker verloren die politische Auseinandersetzung gegen Dampfkraft und motorgetriebene Fahrzeuge. Das Mobilfunksystem wurde lange bekämpft von interessierten Seiten und mit allen nur erdenklichen Gefahren befrachtet – wie Radio und Fernsehen bei ihrer Einführung. So gut wie jede Neuerung mußte durchgekämpft werden, auch wenn sie noch so menschenfreundlich oder nützlich zu sein schien. Es fanden und formierten sich immer Gegner von neuen technischen oder technologischen Entwicklungen, denen mehr Gehör geschenkt wurde, weil sie warnten, als der großen Mehrzahl der anderen, die das Neue auf seine Tauglichkeit prüfen wollten, bevor sie darüber urteilen. Es ist nachgerade fast ein Wunder, daß der menschliche Geist seine Intelligenz entwickelte, wo doch gerade intelligenten Leistungen so immenser Widerstand entgegengesetzt wird. Vielleicht folgt hier der Mensch als Art dem uralten evolutionären Prinzip, daß sich das Bessere erst in der Auseinandersetzung mit dem schon vorhandenen Guten bewähren und durchsetzen muß. Unser hochgelobter Geist wird anscheinend doch von mehr Archaischem, von alten, tiefsitzenden Ängsten durchsetzten Verhaltensformen bestimmt als von der Freiheit des Denkens.

Eine natürliche Grundlage für dieses »konservative« Verhalten finden wir tatsächlich in den im menschlichen Körper vorhandenen Zeitrhythmen. Sie sind auf das natürliche Maß des Lebensablaufes eingestellt, wie dieser sich die mehr als 100.000 Jahre, seit es die Art Mensch, Homo sapiens, gibt, von außen stellte: Rhythmus des Jahreslaufes und der Jahreszeiten, Mondzyklen, Tag und Nacht. Dazu die Geschwindigkeiten und Reichweiten der Fortbewegung der Menschen. 20 Kilometer die Stunde im Lauf, vier beim Gehen. Spitzengeschwindigkeiten im Sprint um die 40 Kilometer pro Stunde. 95 Prozent der Existenzzeit der Art Mensch prägten diese Anforderungen von außen das Zeitmaß und die Abläufe. Beschleunigungen sind moderne Erfindungen. Daß sie dennoch bewältigt werden können und die Grenzen im Umgang mit den technischen Systemen ganz anders liegen als über das »natürliche Zeitmaß« vermutet, liegt an einem Mißverständnis. Wenn der Mensch mit seiner eigenen Muskelkraft nicht schneller kann als er kann, so heißt das nicht, daß er Sinneswahrnehmungen von Auge und Ohr nicht schneller verarbeiten könnte. Das, was in Nerven und Gehirnen im

Tausendstelsekunden-Bereich abläuft, hat andere Dimensionen als das, was wir mit unseren eigenen Beinen erlaufen.

Kein Hochleistungscomputer kommt dem menschlichen Gehirn auch nur annähernd gleich. Sie arbeiten mit von außen, von menschlichen Gehirnen entworfenen und ausgearbeiteten Programmen. Sie folgen diesen mit bewundernswerter Genauigkeit und Geschwindigkeit etwa bei Rechenoperationen. Aber sie entwickeln keine eigene Kreativität. Nicht einmal eine nennenswerte Anpassungsfähigkeit haben die Computer in ihren Programmen. Sie erzeugen keine Qualitäten, sondern Quantitäten. Sie sind (und bleiben das hoffentlich auch) Hilfsmittel des Gehirns, aber keine anderen, besseren Gehirne.

Vielleicht machen sie vielen Menschen deswegen Angst, weil die Art ihrer Leistungen nicht durchschaubar ist – wie in früheren Zeiten die Photographie, die damit nicht vertraute Menschen verblüffte und in Angst versetzte.

Die Entwicklung der Computer, die in unserer Zeit abläuft, läßt vieles erwarten, da sie längst noch nicht abgeschlossen ist. Im Gegenteil: Je offener die Systeme werden, desto lernfähiger werden sie auch werden können. Desto gehirnähnlicher. Und um so glaubwürdiger!

Doch was sie bislang nicht leisten konnten und aller Wahrscheinlichkeit nach nie leisten können werden, das sind Wertungen. Wo das Gehirn den Eindrücken und Gedanken Bedeutung zuweisen muß und Sinnvolles, Wichtiges, von Sinnlosem, Unwichtigem scheidet, fehlt den Computern die entsprechende wertende Instanz. Worin sie bei uns selbst, im Gehirn, besteht, wissen wir zwar auch nicht. Aber jeder Mensch wertet mit seinem Denken. Ob richtig oder falsch, ist dabei zunächst von nachrangiger Bedeutung. Entscheidend ist, daß Wertungen vollzogen werden. Blitzschnell. Individuell.

Die vielfach in der Umweltdiskussion der letzten Jahrzehnte vorgebrachte, auf einem Begriff, den der Kybernetiker Frederik Vester geprägt hatte, basierende Forderung nach ›vernetztem

Denken‹ vollzieht jedes Gehirn beständig: Ohne dieses könnte es zu keinen sinnvollen Ergebnissen kommen, sondern würde von der Flut der Informationen, die beständig über die Sinnesorgane aus der Außenwelt kommen, überschwemmt werden und unfähig sein, Schlüsse zu ziehen und könnte die unterschiedlichen Informationen auch weder zusammenführen noch deuten. Es müßte im Chaos der eigenen Aktivität zugrunde gehen.

Vielmehr schützt uns ein offenbar recht sinnvoller, im Laufe der Evolution entstandener und erfolgreich durchprobierter Auslesemechanismus davor, in der Flut der Informationen zu ertrinken. Wir strukturieren und analysieren das Gesehene, Gehörte, Empfundene und Gedachte. Und ziehen dann Schlüsse daraus. Überlebensnotwendige Schlüsse vielfach, denn selbst alltägliche Gegebenheiten können bei falschem Verhalten, bei falscher Interpretation der Informationen, die von außen kommen, tödlich werden. Und das solcherart wertende und strukturierende Gehirn leistet noch mehr. Blitzschnell entwickelt es verschiedene, möglich erscheinende Szenarien, spielt diese auf ihr Ergebnis hin durch und entscheidet für eine der Möglichkeiten, von denen es viele geben mag. Es wählt aus, ohne alles in der Wirklichkeit durchprobiert zu haben. Und arbeitet dabei genau mit jenem Mechanismus, den die Propheten intuitiv oder mit besserer Kenntnis der Fakten nutzen, um zu Prognosen zu kommen. Wir alle sind Propheten. Wir alle sind irgendeinmal oder häufig Besserwisser, weil wir das schon so vorausgesagt hatten, wie es auch tatsächlich gekommen ist. Viele Irrungen und Fehlurteile mit eingeschlossen. Doch davon wissen die anderen nichts, da wir sie ja nur klammheimlich im Geiste (»theoretisch«, wie wir heute sagen würden) durchgespielt hatten. Ausprobiert wurde das Modell nicht. Die Fehler sind der Vergessenheit anheimgefallen. So funktioniert unser Gehirn.

Die Seher und Weissager der alten Zeiten hatten ihre eigene Lebenserfahrung als Grundlage. Je älter sie wurden, desto umfangreicher wurde dieser Erfahrungsschatz. Vielleicht belohnte die Entwicklung unser teures, übergroßes Gehirn gerade deswegen, weil es so viel so lange und so gut speichern kann. Im hohen Alter kann man sich noch an Ereignisse, an Menschen und an Worte aus der Kindheit und Jugendzeit erinnert. Altes, längst entschwunden Geglaubtes, taucht im Kopf wieder auf und wird in der Erinnerung virtuelle Wirklichkeit. Teuer ist dieses Menschengehirn, das dreimal größer ist als unserer Körpermasse entsprechen würde, wären wir wie die anderen Menschenaffen und Primaten ausgestattet, denn es verbraucht – wie bereits gesagt – 20 Prozent der Energie, die der Körper laufend nötig hat. So ein teures Organ muß sich auf ganz besondere Weise bewährt haben, sonst hätte es sich nicht entwickeln und auf die dreifache Größe des für Primaten Normalen zunehmen können. Herz und Leber oder andere Organe arbeiten ihrer Größe und unserem Körper entsprechend anteilig nicht anders als die von Schimpansen oder anderen Affen. Der Hauptunterschied im Energiebedarf liegt in unserem Gehirn. Denken verbraucht Energie. Das läßt sich genau messen. Logisches, verbindendes Denken äußert sich in verstärkter Gehirnaktivität. Das können die Hirnforscher heute sichtbar machen. Vieles spricht dafür, daß es das Durchspielen von Möglichkeiten, blitzschnell und vor der Entscheidung, gewesen ist, was in der Evolution des Menschen die Rahmenbedingungen für die Gehirnvergrößerung neu absteckte. Und die anhaltende Speicherung von Erfahrungen über die gesamte Lebenszeit hinweg. Die Gehirnforschung unterscheidet das Kurzzeit- und das Langzeitgedächtnis. Unser Langzeitgedächtnis ist besonders gut entwickelt. Und wenn nicht, haben wir Schwierigkeiten zu lernen und uns wichtiges zu merken. Doch erst die Verknüpfung von scheinbar nicht zusammengehörenden Eindrücken und gespeicherten Informationen bringt die Lösungen komplexer Probleme. Die Naturwissenschaft lebt davon und erzielt damit ihre Erfolge. Große Gedankenentwürfe sind auch hier nötig, doch zu Ergebnissen können sie erst über die Verknüpfung mit anderem führen.

Die Weisen der alten Zeiten benutzten ihr Denken wohl im wesentlichen auf diese Weise. Sie schufen und schafften ungewöhnliche Verknüpfungen. Damit eröffneten sie neue Blickwinkel oder Einblicke. Den Sehern und Seherinnen kamen die langen Lebenserfahrungen zugute. Doch selbst 100 Jahre sind zu kurz für längerfristige Entwicklungen und auch der Weitgereiste kann die Fülle der Welt nicht durchmessen. Und dann tut sich vor allem ein Zahlenproblem auf – das der großen Zahlen von Einzelereignissen. Sie durchzurechnen und zu werten mag dem mathematischen Genie in einem bestimmten Rahmen möglich sein. Aber bei einer Vielzahl unterschiedlicher Datensätze und -mengen stößt das Gehirn unweigerlich an seine quantitativen Grenzen. Intuition ersetzt dann – nicht selten als »Gefühl aus dem Bauch heraus« bezeichnet – das vom Gehirn direkt nicht mehr zu Bewältigende. Die Irrtumswahrscheinlichkeit steigt entsprechend steil an, je mehr Intuitives in die Wertungen hineinfließt. Ändern sich die Zeiten schnell, kommen die Alten nicht mehr mit. Der Weise verliert sein Ansehen, weil sein Wissen aus der Vergangenheit zu wenig bringt für die Gegenwart und ihre Probleme. Die Weisen, die Seher, werden unbrauchbar, wo große Datenmengen aus weiten Räumen oder über die ganze Erde hin gewertet werden müssen. An ihre Stelle tritt eine neue, eine junge Generation, die das nicht mit Alter und Einsicht, sondern mit entsprechend leistungsfähigen Geräten bewältigt, in Modelle umsetzt. Und mit der Unbekümmertheit der Jugend sowie der sicheren Überzeugung von der Unfehlbarkeit der Rechner präsentiert sie die neuen Weisheiten. Diese neuen Propheten können sicher sein, daß sie Beachtung finden. Präsentieren sie doch nicht (eigene) Meinungen, sondern objektive, datengestützte Befunde und Berechnungen. Sie brauchen weder das Charisma des Alters noch dessen Uneigennützigkeit, die sich zum Lebensende hin zugunsten kommender Generationen immer mehr in den Vordergrund schiebt. Sie dürfen ganz offen noch bessere Modelle und noch mehr Forschungsmittel einfordern, leisten sie doch einfach Dienste für die Allgemeinheit. Für die Allgemeinheit in der Tat, denn die Weissagungen holen sich nicht Herrscher oder Feldherren, um persönlich im Vorteil zu sein, sondern die Vertreter der Allgemeinheit. Die Medien werden dafür sorgen, daß die Ergebnisse schon vor der offiziellen Übergabe allgemein bekanntgemacht worden sind. Die Geldgeber dulden das gern, spiegelt dieses Medieninteresse doch die Wichtigkeit der von ihnen in Auftrag gegebenen Prognosen (Gutachten oder wie immer das Produkt genannt werden mag). Propheterien, an denen die Medien kein Interesse zeigen, lassen sich weder gut verkaufen noch weiter finanzieren.

Und wir, die wir alle kleine oder größere Propheten sind und eigentlich von uns selbst wissen müßten, wie falsch wir oft liegen, spielen dieses Spiel mit Hingabe und Anteilnahme mit. Mehr noch, wir finanzieren es! Warum sind wir sogar dazu bereit, wie einstens (oder immer noch) die Kartenlegerin für den Blick in die Zukunft zu bezahlen, immer wieder die modernen Propheten zu finanzieren, die doch so oft so sehr danebengegriffen haben?

9. Psychobiologie des Katastrophismus

Mit unserer Wahrnehmung der Welt um uns verhält es sich wie mit der eines Schwimmers in einem großen, gleichmäßig und kräftig ihm entgegenströmendem Fluß. Vieles kommt ihm direkt entgegen, zieht an ihm vorbei und wenn er zurückblickt, sieht er, wie sich seine eigene Welle weitet und allmählich verliert. Vor ihm aber türmt sich eine Bugwelle auf. Dieses Bild charakterisiert in mancher Hinsicht ganz gut unsere Art zu denken. Rückwärts blickend, also nach-denkend, erfassen und beurteilen wir, was sich ereignet hat, und ziehen daraus Schlüsse, warum es so und nicht anders gekommen ist. Wir analysieren mit unserem Denken. Wir zerlegen und suchen nach Verbindungen, nach Verursachungen. Und kommen so den Dingen, den Ereignissen auf die Spur. Im Nachhinein!

Inzwischen verfügt die Menschheit über ein so großartiges Instrumentarium von Hilfsmitteln für dieses analysierende Denken, daß die Ursachenforschung bis weit zurück in die Vergangenheit getrieben werden kann. Modelle zur Entstehung von Sonne und Erde, ja des ganzen Weltalls, sind entwickelt worden. Es wird an der Entstehung des Lebens geforscht. Die Menschwerdung verfolgen wir anhand versteinerter Überreste aus einer Vergangenheit, die über Millionen von Jahren hinweg reicht. Das dabei angewendete Grundprinzip ist so einfach wie kraftvoll zugleich: Alle Ereignisse haben Ursachen. Ursachen, die vor der Wirkung lagen! Damit kommt eine klare Zeitstruktur zustande. Der Zeitpfeil, auch in seiner zur Spirale gewordenen Verknüpfungsform mit dem Zeitzyklus, gibt die Leitlinie für die rückwärtsgerichtete Erforschung der Gründe. Nichts kann verursacht worden sein, erst nachdem es schon stattgefunden hat.

Bei dieser Vorgehensweise unseres Gehirns eröffnen sich sogar Möglichkeiten der Überprüfung dessen, was angenommen worden ist. Denn wenn etwas so war und von jenem Grund veranlaßt worden ist, dann lassen sich nicht selten auch weitere Schlußfolgerungen damit verbinden. Dann müßte auch dieses oder jenes so gewesen sein. Wird dafür ein Beleg gefunden, betrachtet man diese Erfüllung der Erwartung als Beweis; zumindest als weitere Erhöhung der Wahrscheinlichkeit, daß die Analyse richtig war. Viele Zusammenhänge sind auf diese Weise aufgedeckt und verständlich gemacht worden. Der Umgang mit der Vergangenheit fällt uns nicht mehr schwer. Wir können daraus lernen und Fehler, die schon gemacht worden sind, als solche erkennen und vermeiden. Von diesem Prinzip geht in aller Regel auch die Erziehung aus. Die Erwachsenen möchten den Kindern ersparen, vermeidbare Fehler zu machen und womöglich dasselbe Lehrgeld zahlen zu müssen wie sie selbst. Daß die nachkommenden Generationen dennoch ihre Fehler machen (wollen), widerspricht dem nicht. Fehler zu machen gehört zum Lernen und zum Sammeln von Erfahrungen. Die größten Lehrmeister sind bekanntlich die Fehler und die größten Fortschritte sind aus ihnen hervorgegangen. Lernen aus Erfahrung ist nichts menschentypisches. Das können viele andere Lebewesen ebenso. Wir sind in dieser Hinsicht zwar zumeist einsichtiger als unsere Verwandtschaft in der Tierwelt, aber eben doch nicht frei, alle Fehler zu vermeiden. Die Hilfe der Mitmenschen gleicht viele gemachte Fehler wechselseitig wieder aus. Ein Großteil unseres heutigen Zusammenlebens mit anderen Menschen beruht darauf, daß andere in bestimmten Bereichen soviel gelernt haben, daß sie für uns Fehler vermeiden. Wir vertrauen uns ihrer Kompetenz an und untersuchen nicht jedes Auto bis ins letzte Detail, ob es auch wirklich richtig gebaut ist und zuverlässig funktioniert. Da Abnützungserscheinungen unvermeidlich bei Gebrauch wie auch bei Nichtgebrauch auftreten, organisierten wir den TÜV – und verlassen uns darauf, daß dessen Prüfung alles richtig festgestellt hat. Wie auch sonst bei Geräten und Lebensabläufen. Der Patient vertraut dem Arzt, das Gericht dem Gutachter und so fort. Unsere Zivilisation ist arbeitsteilig und spezialisiert.

Für uns ist dies normal. Doch schon bei unseren nächsten biologischen Verwandten, den Schimpansen, findet man fast nichts mehr von dieser Kompetenzverteilung. Da vertraut gerade noch das Kind der Mutter und die Schimpansengruppe, mitunter eher gezwungenermaßen, dem Anführer. Es wird zwar beobachtet, wie der eine Schimpanse die Termiten mit einem Stöckchen aus dem Gang holt, aber nicht automatisch nachgemacht. Im wesentlichen muß jeder für sich selbst sorgen, sobald die ersten Jahre überstanden sind.

Kenntnisse nennen wir diese angesammelten Erfahrungen, die kompetent machen. In Schulen und Unterricht werden sie systematisch vermittelt. Nie soll der Mensch aufhören zu lernen. Oder, wie es der Verhaltensforscher und Nobelpreisträger Konrad Lorenz in kürzestmöglicher Form ausdrückte: Leben ist lernen.

Die Art, wie wir lernen, versetzt uns in die Lage, auch Unbekanntes, noch nicht Gesehenes und Erlebtes, vorab kennenzulernen. Es wird uns gelehrt oder wir eignen uns ein Wissen an, das wir als Vor-Wissen verwenden können. Bis das Ereignis eintritt. So kann man die Wörter einer fremden Sprache oder deren Schriftzeichen vorab erlernen, bevor die ersten Sätze wirklich an uns herangetragen werden. Oder wir können sehr viel über Tiere und Pflanzen erfahren, ohne sie jemals lebendig und in Wirklichkeit zu Gesicht bekommen zu haben. Und wir können uns aus Gehörtem und Gelesenem Bilder machen über die mögliche Wirklichkeit. All das ist uns vertraut. Es gehört zum ganz normalen Leben. Wir brauchen darüber nicht weiter nachzudenken. Es wird weiter so funktionieren und seine Richtigkeit haben. Das Wissen jedes Menschen und jeder Generation entstammt dem gesammelten Erfahrungsschatz der Menschheit.

Gerade so wie seine Gene, sein Erbgut, das Ergebnis der Vergangenheit ist; einer erfolgreichen Vergangenheit, in der alle Vorfahren überlebt und sich fortgepflanzt hatten.

Was nun bei den konkreten Bestandteilen des Erbgutes, bei den Genen, offenkundig ist, nämlich daß kein zukünftiges Gen in der Gegenwart eines Erbgutes, eines Genoms, vorhanden sein kann, fällt uns in der Welt des Geistes weit schwerer zu verstehen. Wir wissen, daß heute die Möglichkeit gegeben ist, neue Gene aus ganz anderem Erbmaterial in ein vorhandenes künstlich einzufügen – und lehnen in der weitaus überwiegenden Mehrheit einen derartigen Eingriff in die natürlichen Gegebenheiten ab. Weil das eine Beeinflussung der Zukunft und ihrer Entwicklungen wäre.

Im geistigen Bereich wollen wir genau das Gegenteil: Da soll die Zukunft so klar, so fest vorausgesehen und -geplant werden, daß wir sie kennen, bevor sie sich ereignet. Weil wir uns der Unzulänglichkeit des Lebens in der Gegenwart bewußt sind. Oder auch nur unbewußt spüren, daß dies ein unbefriedigender Zustand ist. Weit besser wäre es, für die Herausforderungen der Zukunft gerüstet zu sein. Ihr begegnen zu können, weil wir wissen, was sie bringen kann.

Im eingangs gewählten Bild des Schwimmers im Strom reicht diese Voraussicht aber eben doch nur bis zum Überschaubaren. Ein Stück über die Bugwelle voraus oder auch ein gutes Stück weiter. Aber nicht um die nächste Flußbiegung herum. Der Horizont der Voraussicht fällt für uns recht klein aus. Zu klein für unser Wollen. Zu klein für unsere Absichten, die wir mit Kindern und Enkeln oder mit der Zukunft der Menscheit und des Planeten Erde verbinden wollen.

Die Zukunft ist offen. Daran gibt es keinen Zweifel, aber glauben wollen wir's doch nicht. Das Vergangene, das wir so gut analysieren und verstehen können, läßt sich nicht mehr rückgängig machen. Alles, was wir besser oder anders machen wollen, müssen wir neu machen. Die Zukunft, die vor uns liegt, wäre offen für dieses Bessermachen, Andersmachen. Aber das Machen kann gerade so falsch werden, wenn sich die Verhältnisse inzwischen geändert haben. Die Erfahrungen der Vergangenheit eignen sich nur bedingt als Rezepte für die Zukunft. Es sei denn, alles würde ziemlich genau so eintreten wie erwartet. Dann könnten wir alles richtig machen. Alle Fehler vermeiden!

So gerät die tatsächliche Unfähigkeit zur Voraussicht in den Konflikt mit unserer hochentwickelten Fähigkeit zur Analyse der Ursachen von Ereignissen. Auch zur eingebildeten Fähigkeit. Denn eigentlich fertigt uns das Gehirn für so gut wie alles und jedes eine Erklärung. Auch wenn diese gänzlich falsch sein mag. Entscheidend ist, daß wir eine Erklärung haben. Eben deswegen glauben wir dort so leicht an Wunder, wo wir die Vorgänge nicht verstehen. Deswegen können uns andere so leicht überreden, etwas zu glauben, was sie selbst eigentlich nicht wissen können.

Biologisch gesehen macht ganz offensichtlich diese umfassende Rationalität unseres Gehirns den Fortschritt und den Erfolg des Menschen aus. Es liefert uns für alle Ereignisse und Gegebenheiten Erklärungen. Überzeugt uns die Erklärung, halten wir sie für wahr. Selbst dann, wenn uns die Wirklichkeit keinen Nachweis dafür liefert. Wie etwa für Engel und Geister. Oder für übernatürliche Eingriffe von außen ins Weltgeschehen. Glauben heißt, uns Überzeugendes wahr-haben zu wollen. Der Glauben kann die Wirklichkeit, kann die anstrengende und aufwendige Suche nach den tatsächlichen Ursachen und Zusammenhängen, höchst zufriedenstellend ersetzen.

Vielleicht handelt es sich dabei um so etwas wie eine Selbstzufriedenstellung des Gehirns. Mit einer gemachten oder von anderen angebotenen Erklärung gibt es sich zufrieden, muß nicht weiterforschen und analysieren. Glauben beruhigt. Glauben erzeugt Zufriedenheit und Sicherheit. Erlöst von Zweifeln, daß es vielleicht doch nicht so, sondern anders gewesen sein könnte. Glauben schafft darüber hinaus Zuversicht im Hinblick auf das Kommende. Glauben ist, so betrachtet, die geniale Lösung des Unsicherheitsproblems. Was Vergangenes betrifft, wie auch im Hinblick auf die Zukunft. Glauben ersetzt die Unfähigkeit zur weitergehenden Voraussicht mit der Sicherheit, daß alles, was da kommen wird, schon gut werde. Weil es, dem Glauben entsprechend, gut werden muß.

Oder auch schlecht! Genau da setzt die Prophezeihung an. Sie nutzt, mit den Vorhersagen drohenden Unheils, die Unfähigkeit, wirklich in die Zukunft blicken zu können. Was immer in der Gegenwart geschieht, es kann so oder so betrachtet und gewertet werden. Und wer immer daran etwas ändern will, bedient sich der Methode der Vorhersage drohenden Unheils. Wenn es der Geiß zu gut geht, macht sie einen Sprung, charakterisiert der Volksmund die bedrohliche Sorglosigkeit. Nur wer sich sorgt, lebt verantwortlich, predigen die Schwarzseher. Und wer in der Zeit spart, der hat in der Not. Oder, längerfristig, wer dem Leben in dieser Welt entsagt, der gewinnt im Jenseits. Nutzer dieser Entsagung gibt es natürlich zur Genüge. Sie sind immer bereit, das zu übernehmen, was andere in ihrer Unsicherheit auf- oder freigegeben haben.

So nimmt es nicht Wunder, daß der moderne Katastrophismus den tatsächlichen Herausforderungen unserer Zeit entsprungen ist, aber dasselbe Grundmuster wie in allen anderen Zeiten auch zeigt. Es ist auch nahezu gleichgültig, ob den Menschen die Ursache der Pest oder einer anderen Seuche nicht oder nur höchst unzureichend bekannt ist. Morituri! Sie werden sterben. Wenn nicht daran, so doch sicher an etwas anderem. Es geht auch auf dasselbe hinaus, mit dem Weltuntergang zu drohen, wenn die Gesellschaft zu Zeiten zu lebensfroh wurde; sei es im Mittelalter oder im Barock, in der modernen amerikanischen oder europäischen Genuß- und Konsumgesellschaft. Dann droht die Apokalypse oder große Not mit der Verknappung der Ressourcen für Kinder und Kindeskinder, mit der Vergiftung von Nahrung und Brunnen sowie mit den Katastrophen der Natur, die wie immer mit Sicherheit kommen werden. Jede Katastrophe paßt dann ins Konzept, denn der Boden des schlechten Gewissens ist bereitet. Noch nie ging es rund einem Fünftel der Menschheit so gut wie in der Gegenwart. Das darf man getrost als eine gesicherte Tatsache ansehen. Dementsprechend muß diesem reichen, genießenden Fünftel die Zukunft so düster wie nur möglich prophezeit werden. Typischerweise kommen die Warner aber nicht aus der armen, der hungernden Region der Welt, sondern aus den eigenen Reihen. Die Dritte Welt will erst werden wie die Erste, erst dann ist der dortige Teil der Menscheit zu einem schlechten Gewissen bereit. Auch wenn dort gegenwärtig die Wälder mit der Artenvielfalt in weit größerem Umfang vernichtet werden als in den reichen Ländern. Das Artensterben findet dort statt, wo sich niemand darüber aufregt. Allerdings hat man in den Entwicklungsländern durchaus bemerkt, daß mit dem schlechten Gewissen der Ersten Welt Geschäfte gemacht werden können. Als Gegenleistungen auch für Handelshindernisse im Agrarbereich oder die Ausbeutung von Ressourcen in den Tropenwäldern zum Anbau von Futtermitteln für unser Vieh oder zur Nutzung ihrer Wälder durch Holzimport unsererseits. Das Grundmuster aber bleibt weltweit dasselbe. So wie in Europas gemeinsamem Haus die Landwirtschaft eine Sonderrolle spielen darf – und diese sehr erfolgreich spielt – so wird die Landnutzung der Dritten Welt weitestgehend freigestellt von den wirklichen Notwendigkeiten, die es zu verwirklichen gälte, sollte es tatsächlich um das Wohl der ganzen Erde gehen; um Erhaltung der Artenvielfalt, der Tropenwälder und für eine sinnvolle Nutzung für die dortige Bevölkerung.

Der Katastrophismus rechtfertigt sogar in gewissem Sinne die Aufrechterhaltung des status quo. Nur Verschiebungen, Verlagerungen soll es geben, aber nicht wirklich ein gemeinsames, gleichermaßen verbindliches und verantwortliches Streben nach einer besseren Welt. Die Vorstellung, was das sein könnte, unterscheidet sich ziemlich auch deutlich zwischen den verschiedenen Völkern und Kulturen. Die Erwartung einer wärmeren Erde mag für die von schärfsten Winterfrösten gepeinigten Menschen in Sibirien einen ganz anderen Beigeschmack haben als für die Betreiber von Wintersportanlagen in den Alpen. Daß große Schneemengen zwar für den Wintersport wünschenswert und einträglich wären, ist dort die eine Seite. Daß sie für das nächste Sommer- oder Frühjahrshochwasser eine Katastrophe bedeuten können, trifft ja andere. So bleibt denn auch nicht viel an Gemeinsamem, wenn es um globale Ziele geht. Senkung des CO_2-Ausstoßes ja, aber nur in den hochentwickelten Industrieländern. Nachhaltige Entwicklung ja, aber natürlich in den unterentwickelten Regionen. Die Landwirtschaft in Europa und Nordamerika soll so weitermachen dürfen wie bisher – mit ihrer Ausbeutung der Tropen und Subtropen für ihr Vieh in Mastställen, mit der Überlastung der Böden durch Überdüngung mit Gülle: Die kleinsten gemeinsamen Nenner reichen gerade für die Aufrechterhaltung des status quo. Und das ist wohl auch das Ziel der entwickelten und mächtigen westlichen Länder. Die Welt in der gegenwärtigen Weltordnung ist doch die beste aller denkbaren. Undenkbar, wenn sich etwas grundlegend ändern würde. Das wäre in der Tat die Katastrophe. Der Katastrophismus bietet die beste Rechtfertigung dafür. Bloß keine wirkliche Änderung, außer vielleicht ein bißchen zurück, etwa zu den guten alten Zeiten des Zusammenbruchs des kommunistischen Systems. Damals, im Jahre 1990, ging doch alles bestens. Also zurück zu diesem Zustand, nicht weiter und schon gar nicht weiter voran (in die Zukunft). Das paßt fast allen Menschen im Westen ins Konzept. Und sollte sich, dank nachhaltiger Entwicklung, die angespannte Lage in den Entwicklungsländern deutlich entspannen, brauchten wir auch nicht mehr so viel ausgleichende Hilfe leisten. So ein Zukunftsbild sieht doch recht gut aus.

Die Frage, für welche Zukunft aus der Fülle der möglichen wir eigentlich verantwortlich seien oder uns fühlen sollten, bleibt ungestellt. Ist es die Zukunft einer ein bißchen verbesserten

Gegenwart? Ist es eine ganz andere Zukunft? Welche Zeitspanne soll sie umfassen? Rein rechnerisch läßt sich dazu viel präsentieren. Die Zukunft der nächsten fünf bis zehn Jahre oder die Zukunft um das Jahr 2050 oder 2100. Für die Computer ist es gleichgültig, wie weit fortgeschrieben, extrapoliert wird. Nach 100 Jahren, so wird jede Computerrechnung feststellen, gibt es kaum noch Erdöl – wie schon vom Club of Rome für unsere Zeit prognostiziert. Daß die Erzeugerländer des Öls sich mehr mit einem Überangebot denn mit Mangel herumschlagen würden, kam in den kühnsten Hochrechnungen nicht vor. Aber was spielt das für eine Rolle? Nach 1000 Jahren ist sowieso alles vorbei. Das Problem mit dem Erdöl und den Verbrennungsmotoren. Die Erde ist warm genug, daß auf Heizungen weitestgehend verzichtet werden kann. Unken die Schwarzseher. Und bereiten ihre Zukunftsbilder auf die Zeit »danach«, auf die Zeit nach dem Menschen vor. Dann wird die Natur wieder natürlich leben können. Was der verwilderte Stier in den wiederergrünten Auen an Elbe oder Donau zertritt, stirbt für die Natur und nicht mehr für den Menschen. Der muß, wenn er überhaupt noch leben sollte, im Einklang mit der Natur leben. Was immer das sein und bedeuten mag. Natur jedenfalls! Fiktionen für die Zeit nach der Apokalypse. Davor liegt die Zeit, die uns für unsere Kinder und Kindeskinder angeht. Unser menschlicher Zeithorizont für die Zukunft.

Für eine Zukunft, die wir erleben können und für die wir die Erde lebenswert erhalten wollen. Weil unsere Nachkommen in dieser Welt leben werden. Das ist die Zeit der Bugwelle des Schwimmers. Die nahe Zukunft, die wirkliche Zukunft. Diejenige, die sich abzeichnet, weil die Wege zu ihr aus den Bahnen der Vergangenheit und unserer gelebter Gegenwart stammen. Das ist die Zukunft, die wir gebrauchen und verbrauchen. Sie ist unsere Lebenszeit. Und sie ist überprüfbar. Was in dieser nahen Zukunft der nächsten 20, 30 oder 50 Jahre passieren wird, das werden Menschen erleben, die wir kennen oder die uns gekannt haben. Diese Zeit nimmt uns in die Verantwortung. Eigentlich stellt sie die Gegenwart dar, denn sie bildet die Bühne, auf der sich unser Leben abspielt und entfalten können sollte. An ihr, an dieser erlebbaren Zukunft sollte uns gelegen sein. An dem, was in ihr tatsächlich eintrifft, sollten wir die Propheten messen. Sollten wir sie möglichst auch zur Verantwortung ziehen. Einschließlich derer, die die Entscheidungen fällen. Weil sie den Propheten glauben oder aus ihren Voraussagen unmittelbar Nutzen ziehen.

Die Zukunft möglich zu machen, wie Politiker sich gerne ausdrücken, sollte auch beinhalten, daß über ihr zukunftsbildendes Werk gerichtet wird. Nach einer Kosten-Nutzen-Abwägung und von unabhängigen Gerichten.

Wahrscheinlich steht so einem Ansinnen wieder der uns eigene, allgemein verbreitete Mechanismus entgegen, der sich bei der Vielzahl von Fehlern und Fehlbeurteilungen, die jeder Mensch selbst sich geleistet hat, froh ist, wenn eine seiner Annahmen oder Vorhersagen dennoch einmal eintrifft. Das entschuldigt all die Fehler. Zumal wenn sie gut gemeint waren.

Somit stehen die Chancen schlecht, unserem selbstgewollten Katastrophismus zu entgehen. Die Begierde, mit der die schlechten Nachrichten in den Medien aufgenommen werden, spiegelt unsere blinde Gläubigkeit an die besser Informierten von heute, an die neuen Propheten. Der Fatalismus mancher Kulturen und Religionen wird hieraus verständlich. Wenn das Schicksal, oder wie immer diese äußeren Mächte genannt werden, es so wollte, was soll ich als kleiner Mensch dann dagegen wollen. Wenn die große Prognose nicht eingetroffen ist, war das eben auch Schicksal, oder Zufall, oder eine Veränderung, die rechtzeitig vorgenommen worden ist.

Der Katastrophismus erleichtert es, die Eigenverantwortung an die Verantwortlichen abzugeben. Die wissen ja, was zu tun oder zu unterlassen ist. Wenn sie es nicht recht machen, sind sie schuld und nicht ich, der ich in gutem Glauben gehandelt hatte.

Man kennt diese Haltung aus anderen Bereichen: Unmenschliches ging daraus hervor, schlimmste Verbrechen.

Das Gegenstück, eigene Verantwortung zu übernehmen, hat offenbar weit geringere Aussichten, umgesetzt zu werden. Das hieße, gegen den Strom schwimmen, mit dem die anderen, all die anderen unterwegs sind. Sie haben sich der Meinung der Meinungsführer angeschlossen und nehmen die Maßnahmen hin, weil sie als nötig angegeben werden. Kaum etwas fällt schwerer als sich gegen eine vorherrschend gewordene Meinung zu stellen. Sie darf ab einem gewissen Konsens nicht mehr hinterfragt werden. Wer das dennoch wagt, ist ein Quertreiber oder Schlimmeres. Beim Waldsterben war es doch wie bei des Kaisers neue Kleider. Wer das Sterben nicht sah, sondern den Wald, so wie er war und wuchs, der hatte keine Ahnung. Der war blind. Und wer gar zu sagen wagte, die Bäume in den doch wohl am stärksten luftverschmutzten Ballungsräumen stünden immer noch da und würden weit weniger sterben als die letzten Schwarzwaldtannen oder Hochgebirgsfichten, der war eben ein Ignorant oder einfach ein nicht ernst zu nehmender Gegner.

Die paar Kubikmeter Schwefeldioxid-Gas, die im Sommer 2002 einem Chemiekonzern in die Luft entwichen, waren erneut wert, in den Abendnachrichten gebracht zu werden – gleichwohl mit der Betonung, daß für Menschen keine Gefährdung bestand. Wenn halb Nordwestdeutschland oder weite Teile Bayerns unter den Gestankwolken von Gülle aus der Massentierhaltung versinken, interessiert das nicht, so sehr es auch stinkt. Bemerkt wird, was angeprangert wird. Und angeprangert wird, was sich als Sensation eignet. Dann entrüsten wir uns und sehen sogleich wieder die Bedrohung, die aus der Zukunft auf uns zu kommen wird. Denn wir wissen ja nicht, was da alles noch daher kommen wird: Schlimmes ist prophezeit. Und es kann durchaus noch schlimmer kommen, wissen wir doch längst nicht alles.

So begleiten uns, die wir christlich geprägt sind, Ängste und Sorgen, seit uns die Erbsünde plagt. Sie war die wirkungsvollste

Erfindung überhaupt. Der Mensch ist von Geburt an, von Natur aus, schlecht. Das muß ihm beizeiten klar gemacht werden. Deshalb steht er außerhalb der Natur, die ohne ihn harmonisch und in Ordnung wäre. Der Vulkanausbruch verursacht zwar schlimme Verwüstungen, wie er auch Impulse zu Neuem gibt. Aber da der Vulkan nicht weiß, was er tut und wohin er seine Lavaströme oder Aschenregen tunlichst lenken sollte, um Tiere und Pflanzen nicht umzubringen, gehört er zur Natur wie die schlimmsten Wasserfluten, die stärksten Stürme, die sengendste Hitze und die eisigste Kälte. Oder wie der Tritt von Elefanten, die zertreten ohne zu wissen, nicht viel anders als viele Jahrmillionen davor die noch größeren, noch schwereren Dinosaurier. Und daß die Kohle- und Erdölvorkommen, die wir in unserer Zeit nutzen, in noch viel früheren Erdzeitaltern aus einer gewaltigen Überschußproduktion der Pflanzenwelt hervorgegangen sind, die offenbar überhaupt nicht im Gleichgewicht mit sich selbst und dem Naturhaushalt lag, interessiert uns nicht, weil es sich außerhalb der Zeit des verderblichen Wesens Mensch ereignet hatte.

Aus all dem kann man eigentlich nur einen allgemeinen Schluß ziehen. Die Schlechtigkeit des Menschen ist es, an der alles (Schlimme) liegt und von der die Gefahren kommen. Der Mensch ist ein Irrläufer der Evolution. Davor war das Paradies auf Erden. Jetzt müssen wir es im Jenseits suchen. Die Erde wird nie mehr wieder so sein, wie sie war, ehe der Mensch auftauchte.

Wenn so ein menschenverachtendes Menschenbild den Blikken in die Zukunft zugrundegelegt wird, so ist es kein Wunder, welche Art von Prophezeiungen daraus entstehen. Wenn die wärmeren Zeiten ohne Mensch gut und in Ordnung waren, aber wärmere Zeiten mit dem (heutigen) Menschen eine Apokalypse sind, so ist dies vergleichbar mit der Sicht auf ein zerstörtes Vogelgelege: Wenn es von einer weidenden Kuh zertreten wird, ist die Natur schuld und damit außerhalb der Wertung von Gut und Böse, handelt es sich um einen Wanderer, so ist dieser

Mensch mit seinem bloßen Draußensein in der Natur schon eine Störung an sich. Nahtlos geht das von den Kleinigkeiten zum Großen über. Dieselbe Kuh, die dann die geschützen Pflanzen verzehrt, wird ausgenommen vom Artenschutz, dem der Mensch zu folgen hat, auch wenn er sieht, daß die Kuh gleich zupacken wird. Würde er das Pflänzchen dieser Kuh gerade noch vor der ausgestreckten Zunge wegnehmen, verstößt er gegen die Artenschutzverordnung und hat wieder einmal seine Unverträglichkeit mit der Natur hinlänglich bewiesen. Ob das der Art geschadet oder nicht geschadet hat, steht dabei nicht mehr zur Debatte. Die Arten werden für die Zukunft geschützt und müssen daher den Menschen der Gegenwart vorenthalten werden. Und sollte die Art trotz formaler Unterschutzstellung ausgerottet werden, bricht das Ökosystem zusammen. Einen Zusammenbruch, gar eines ganzen Ökosystems, will nun doch wieder kein Mensch, der sich für vernünftig hält. Natürlich nicht, auch wenn er noch nie ein Ökosystem gesehen hat. Man trichterte es ihm erfolgreich ein.

Den gefährdeten Arten nützt das wenig. Die psychische Drohung mit Aussterben und Katastrophe erweist sich, genauer betrachtet, zudem als recht unwirksam, was die wirkliche Gefährdung von Arten betrifft. Verantwortlichkeit auf der Basis von Kenntnissen und nicht Abschreckung durch Drohung wäre da wohl der bessere Weg.

Warum wird er nicht begangen? Hält man die Menschen für so abgrundtief schlecht oder unfähig, daß ihnen fast alles vorgeschrieben werden müsse? Auch die Zukunft? Sie wird geradezu verordnet wie ein Heilmittel, das zu bekommen nicht möglich ist, außer die Gesellschaft sanktioniert das. Aber die Gesellschaft, das sind doch wir!

So dreht sich das Ganze in sich selbst zurück. Weil wir unfähig sind zu einer wirklichen Voraussicht und so wenig bereit Eigenverantwortung zu tragen, nehmen wir die Prognosen anderer hin und richten uns danach. Zumindest dann, wenn die

Öffentlichkeit das direkt merkt oder den Tribut für unser zukunftsgerechtes Verhalten einfordert. Dafür zahlen wir einen erklecklichen Teil an Steuern. Dafür kaufen wir uns frei mit diesem Tribut. Was wäre eigentlich, wenn wir das nicht getan hätten?

10. … und wenn wir ihnen nicht geglaubt hätten?

Ein kleines Beispiel voraus: In den 70er Jahren des 20. Jahrhunderts wurden die mit der Bautätigkeit der damaligen Zeit überall benötigten Kiesgruben vom Naturschutz als Wunden in der Landschaft angesehen, die es zu schließen galt. Auf Druck der Naturschützer entwickelten die Behörden Kiesabbaupläne. Die ungeregelte Eröffnung und Nutzung von örtlichen Kiesgruben wurde verboten. Nur noch große Abbaugebiete mit Rekultivierungsplänen wurden zugelassen und genehmigt. Die Wunden in der Landschaft ließen sich schließen, wie die Naturschützer bemerkten. Nach und nach verschwanden sie. Verfüllt mit Müll und Bauschutt oder zugewachsen aufgrund natürlicher Entwicklungen, die an solchen Kleingewässern auch ziemlich rasch, in wenigen Jahrzehnten ablaufen.

An den großen Abbaugebieten entstanden Badeseen und Erholungsflächen. Gern und intensiv wurden sie angenommen. Manche Verfüllung wurde bedauert. Aber sie mußte vorgenommen werden, weil der Plan zur Rekultivierung dies so vorgesehen hatte. Und dieser behördlich genehmigte Plan war und blieb rechtsverbindlich. Ausnahmen wollte man nicht zulassen, um Rechtssicherheit zu gewährleisten. Alles schien, von solchen kleinen Ausnahmefällen abgesehen, in bester Ordnung. Bis der Naturschutz feststellen mußte, daß weithin die Frösche, Kröten und Molche ausstarben. Man hatte ihnen mit dieser Maßnahme ihre Kleingewässer genommen, die sie zur Fortpflanzung brauchen. Sie landeten dafür in den Roten Listen der gefährdeten Arten. Und mit ihnen viele andere Arten von Tieren und Pflanzen, die an Kleingewässern leben, aber an Bade- und Erholungsseen oder größeren Gewässern mit Fischbestand nicht vorkommen können. Sie fielen gut gemeinten Maßnahmen zum Opfer. Bis heute sind die Maßnahmen nicht rückgängig gemacht worden. Denn andere profitierten massiv davon. Großunternehmen im Kiesabbaugewerbe zum Beispiel. Oder der Erholungsbetrieb, der mit Froschweihern wenig anfangen kann. Die neue, die geänderte Situation etablierte und verfestigte sich. Ein Zurück ist kaum mehr möglich. Selbst in Naturschutzgebieten fällt es zunehmend schwerer, einfach einen Tümpel zu graben um der Kröten willen. Denn auch dies wäre ein genehmigungspflichtiger und gegen andere Möglichkeiten, vor allem gegen das Nichtstun, abzuwägender Eingriff.

Selten liegen jedoch die Verhältnisse so günstig, daß die andere Möglichkeit gut genug abgeschätzt werden kann. Noch seltener wird die Überprüfung im Experiment zugelassen. Wie etwa in Naturschutzgebieten, wenn es darum geht, ob in einem Wasservogelschutzgebiet die Wasservogeljagd zugelassen beziehungsweise beibehalten werden kann oder doch besser eingestellt werden sollte. Oder die Angelfischerei. Wenn zugleich alle anderen Nutzungen eingestellt und der Zugang für die nicht nutzungsberechtigten Naturfreunde verwehrt wird. Nun sagt schon der gesunde Menschenverstand, daß eine Jagd auf Wasservögel in einem Schutzgebiet für Wasservögel nicht gerade die richtige Lösung sein kann. Tatsächlich sind die Auswirkungen auch ungleich größer als die Störungen, die von Spaziergängern und Naturfreunden ausgehen. Die Einstellung der Jagd verbesserte die Beobachtungsmöglichkeiten für interessierte Besucher und die Lebensbedingungen für die Wasservögel. Die Ergebnisse langjähriger Untersuchungen fielen ganz eindeutig aus. Was längst nicht dazu führte, daß in anderen Wasservogelschutzgebieten ebenfalls die Jagd eingestellt wurde. Gute Beispiele machen selten Schule. An schlechten, an mit Unzulänglichkeiten aller Art befrachteten, hat es keinen Mangel.

So ließ man den Wald sterben, um etwas gegen die Luftverschmutzung in Gang zu bringen. Und als für die (größeren) Privat-PKWs der Katalysator verpflichtend und verbleites Benzin abgeschafft worden war, endete die Aktivität, wie schon ausgeführt. Denn der Schlachtruf »Erst stirbt der Wald, dann stirbt der Mensch« war verhallt. Der Wald lebte weiter; wir Menschen ebenfalls im Dieselruß und Abgasgestank unvollständig verbrennender Kleinmotoren in den Städten. Fast müßte man klagen, wäre der Wald doch etwas stärker weitergestorben, hätten wir zum Atmen vielleicht etwas bessere Luft. Dann hätten wir die umweltbewußte und zukunftsorientierte Politik möglicherweise dazu zwingen können, die Energiesteuer dafür zu verwenden, uns hier und jetzt bessere Luft zu bescheren. Oder hätten wir über den vereinigten Druck der Öffentlichkeit es geschafft, den Import von Futtermitteln nach und nach so weit zu senken, daß nicht mit hohem Energieaufwand große Mengen davon aus Übersee zu den Tieren in unseren Ställen transportiert werden, sondern das Endprodukt Fleisch, dann würde uns die Unterstützung unseres europäischen Landwirtschaftssystems nicht so aberwitzig viel kosten. Und das, was ohne Fremdstoffe auf guter Weide bei uns erzeugt wird, dürfte dann auch seinen Preis haben und den Landwirten gutes Geld bringen.

Beispiele hierzu gibt es zuhauf. Worin sie sich gleichen, eröffnet interessante Einblicke und kann das Verständnis womöglich ein Stück weiterbringen. Drei Bereiche sind hervorzuheben:

1. Aktionismus kostet viel und bringt oft (sehr) wenig.
2. In welchem Verhältnis stehen Beschränkungen der persönlichen Freiheit tatsächlich zum Gemeinwohl?
3. Das Prognose(un)wesen sollte zur Verantwortung gezogen werden.

Viele Aktivitäten im Umweltschutz sind sehr teuer. Das steht außer Frage. Der Blick auf die Wasserrechnung mit Trinkwasserkosten und Abwassergebühren bestätigt das. Worin der wirkliche Erfolg der milliardenschweren Abwasserreinigung liegt, erfährt die Bevölkerung nicht. Sollte sie tunlichst auch nicht erfahren, sonst würde klar, daß landwirtschaftliche Abwässer das Dreifache und mehr der menschlichen ausmachen. Die landwirtschaftlichen Abwässer, Gülle oder Jauche, werden aber weiterhin, bis auf mengenmäßig ganz unbedeutende Ausnahmen, frei über Feld und Flur ausgebracht, versickern ins Grundwasser und bewirken die exorbitant hohen Kosten für das Trinkwasser. Weil dieses entweder höchst aufwendig gereinigt oder von weit her antransportiert werden muß. Würden im menschlichen wie (haus)tierlichen Abwasser alle Keime, die auch als Krankheitserreger auftreten können, mit geeigneten Methoden, wie mit Bestrahlung mit Ultraviolettlicht, abgetötet, käme das mit Sicherheit billiger als die vollständige Reinigung, wie sie moderne, außerordentlich teure Kläranlagen bewirken (sollen). Oder alle Abwässer von Rind, Schwein und anderen Haustieren müßten auf dieselbe Weise wie die menschlichen gereinigt und entsorgt werden, was für die Landwirtschaft unbezahlbar wäre. Aber vielleicht immer noch günstiger für die Allgemeinheit, weil dann ungleich mehr Trinkwasser wieder verfügbar gemacht werden könnte. Doch das sind nur Überlegungen. Zum praktizierten Verfahren gibt es keine wirklichen Alternativen. Aus guten Gründen »rechnen sie sich nicht«. Die Bevölkerung hat sich an die Kosten gewöhnt und auch daran, daß diese weiter steigen, obwohl sich mit der Zeit die Anlagen amortisiert haben müßten.

Die Trinkwasserkatastrophe war uns prognostiziert worden. Damals, in den 60er und 70er Jahren, als auch auf westdeutschen Flüssen noch im Sommer Schaumberge wie Eisschollen im Winter trieben, weil die Waschmittel zu viele Phosphate enthielten. Die Düngemittel der Landwirtschaft zwar auch, aber die gingen ja ins Grundwasser und nicht direkt, wie die Abwässer, in die Flüsse. Zur Abwendung der Katastrophe mußten die Kläranlagen gebaut werden. Der behördliche Druck war so groß, daß den Gemeinden die Ausweisung neuer Baugebiete untersagt worden war, wenn sie sich nicht an die Abwasserentsorgung und Trinkwasserversorgung angeschlossen waren. Im niederbayerischen Rottal tobte jahrelang ein sogenannter Wasserkrieg darum. Nutzen brachte er vor allem den Zweckverbänden für die Wasserversorgung und den Herstellern und Betreibern von Kläranlagen. Großräumige Rückgewinnung von Trinkwasserentnahmegebieten fand ebensowenig statt wie eine Zunahme der Fischbestände in den Flüssen, die vordem als Vorfluter für die Abwässer benutzt worden waren. Im Gegenteil: Fast überall nahmen die Fischbestände ab und nicht zu! Da waren im Vergleich dazu die Ringkanalisationen um die Seen schon wirkungsvoller, weil sie die Eignung dieser Gewässer für Freizeit und Erholung erheblich verbesserten. Die Fischbestände allerdings nicht unbedingt. Diese nehmen in den sauberen Seen ab.

Als Maß für die Wirksamkeit der Abwasserreinigung erhält die Öffentlichkeit Karten und Stufen. Erstere weisen mit Rot katastrophale, mit Gelb sehr starke, mit Grün mäßige bis geringe Verschmutzung und mit Blau Trinkwasserqualität aus. Dieser Abfolge entsprechen die Güteklasse-Stufen IV bis I. Leicht und augen(ge)fällig läßt sich darstellen, wie im Verlauf mehrerer Jahrzehnte dank der Abwasserreinigung sich das Bild von Bunt mit kräftig roten Stellen zu weitestgehend Grün gewandelt hat. In welchem Verhältnis aber die finanziellen Kosten zum Nutzen stehen, kann niemand daraus entnehmen. Wer hatte wirklich etwas davon, daß sich die Wasserqualität verbessert hat. Und sollte sie überall Trinkwasserqualität erreichen müssen. Koste es was es wolle; auch den letzten Fisch?

Die Kostenfrage wird an uns gerichtet – direkt und in Geldwert. Die Nutzenfrage wird uns günstigstenfalls wortreich erklärt, Nachweise bleiben die Ausnahme. Ganze Industrien etablieren sich an der Beseitigung von Umweltproblemen. Sollte absehbar sein, daß sie die gesetzten Standards erfüllen werden, werden mit Sicherheit die Anforderungen hochgeschraubt, damit das Verfahren nicht billiger, sondern teurer wird.

Es wäre dem Anliegen dienlicher und für die Akzeptanz in der Bevölkerung sicherlich auch weit besser, erzielte Leistungen als solche nachprüfbar zu machen und tatsächliche Kosten dem nachweisbaren Nutzen gegenüberzustellen. Es ist bei der Abwasserreinigung schwierig, dies auf umfassende, das Grundwasser mit einschließende Weise zu tun, denn dann müßten auch die Abwässer aus der Stallviehhaltung einbezogen werden. Der Natur ist es jedoch gleichgültig, woher die Nitrate, Phosphate, Bakterien oder die organischen Reststoffe kommen – ob aus dem schmutzigen, gefährlichen Gedärm von Menschen oder dem anscheinend so sauberen von Schweinen, da diese bei weitem nicht wie wir Menschen als hygienisch hochbedenklich eingestuft werden. Ihre Gülle darf frei aufs Land.

Warum gerade dieses Beispiel? Weil sich mit dieser Eindrittel-zu Zweidrittel-Scheinlösung sehr gut zeigen läßt, wohin eine extrem kostspielige Aktion nach drei oder vier Jahrzehnten führt. Ein Drittel der Abwässer wurde in die Klärung und Reinigung einbezogen, zwei Drittel nicht. Warum durfte das Verfahren nach einem Drittel steckenbleiben? Reicht das für die Zukunft von sauberem (Trink)Wasser? Und falls ja, warum sagt man uns das nicht? Und warum müssen bei den häuslichen Abwässern die Reinigungsgrade bis in höchstmögliche Werte hochgezogen werden, was unverhältnismäßig teurer ist und werden wird, während die landwirtschaftlichen Viehhaltungs-Großbetriebe nicht einmal an die Abwasserentsorgung angeschlossen werden. Denn dafür fehlt natürlich das Geld.

Das ist aus dem Musterbeispiel einer zukunftsweisenden Umweltschutzmaßnahme, die es vor 30 Jahren sicherlich war, inzwischen geworden. Mit viel weniger Aufwand und niedrigeren Abwassergebühren hätten wir auch so weit kommen können. Und bei gleichem Mitteleinsatz – wäre er besser verteilt und sinnvoller umgeschichtet worden – auch.

Nicht viel besser sieht es bei Punkt 2 aus. Aus Gründen des Gemeinwohls wird die persönliche Freiheit vielfach eingeschränkt. Wir müssen uns Plänen und Planungen unterwerfen, die Gutes bezwecken wollen.

Ob bei Aussperrungen aus Naturschutzgebieten, aus öffentlichen Wäldern oder von Forststraßen und dem landwirtschaftlichen Wegenetz, überall treffen wir auf gegen die Allgemeinheit gerichtete Einschränkungen, die einige wenige Nutznießer privilegieren. Wir sind weit entfernt vom Gleichheitsgrundsatz. Deswegen haben auch die besten Ansätze für die Zukunft kaum Zukunft, weil über die gestatteten Ausnahmen die Erfüllbarkeit ihrer Ziele mit an Sicherheit grenzender Wahrscheinlichkeit wieder zunichte gemacht werden. Demzufolge ändert sich auch nicht viel. Ein gutes Maß für die ziemliche Wirkungslosigkeit ist der Naturschutz in den alten Bundesländern.

Ziel war es und sollte es sein, in den Schutzgebieten die Natur so zu erhalten, daß sie für die Zukunft gesichert ist. Daß die Tierarten und die Pflanzen überleben. Die Zahl der ausgewiesenen Naturschutzgebiete stieg bis zur Wiedervereinigung steil an. Die Zahl der in Schutz genommenen Arten noch steiler. Das Ergebnis beider zeigt sich in den Roten Listen der gefährdeten Arten. Sie werden länger und länger.

Warum also hat man die Menschen aus den Schutzgebieten ausgesperrt und ihnen die Freude an Käfer und Schmetterling verdorben, die nicht mehr gefangen und gesammelt werden dürfen, wenn es doch erkennbar nichts nützt? Auch dieses System des Schützens geht von Annahmen und Prognosen aus. Ob sie noch zutreffen oder überhaupt richtig waren, ist gänzlich unzureichend überprüft. Dazu wird kaum jemals eine frühere Maßnahme ausgesetzt und den neuen Anforderungen angepaßt. Oder gar aufgehoben, weil die Voraussetzungen längst nicht mehr zutreffen. An den in konkrete Pläne umgesetzten Prognosen ist dies der vielleicht problematischste Aspekt. Einmal festgeschrieben, kämpfen selbst die Götter vergebens dagegen, kann der betroffene Bürger nur feststellen – und sich in sein Schicksal fügen.

Dabei wäre das Grundprinzip so einfach und so leicht verständlich: Die Vorteile für das Gemeinwohl müssen bei Einschränkungen der persönlichen Freiheit größer sein als die Einbußen für den einzelnen.

Die Ausnahme-Regelungen kehren dieses Prinzip ins Gegenteil um. Bevorzugt und privilegiert werden einige wenige, die Kosten und die Nachteile hat die Allgemeinheit zu tragen.

Deswegen scheint es nur folgerichtig, zu fordern, daß die Propheten für ihre Prognosen, für die Folgen und Kosten, die sich daraus ergeben, auch geradestehen müßten. Wer behauptet, daß etwas so kommen wird, und es kommt nicht so, der sollte die Kosten zu tragen haben. Wie der Geschäftsmann in seinem Unternehmen das auch tun muß. Gegen manche Fehlerwartungen kann er sich vielleicht versichern, aber grundsätzlich muß er das Risiko tragen, mit allen Konsequenzen. Guter Rat ist teuer, weiß der Volksmund. Schlechter Rat noch viel teurer.

Eine Gemeinde, die im Hochwassergebiet ein Baugebiet ausweist und Leute dazu veranlaßt, dort ihre Häuser zu errichten, sollte einen ganz erheblichen Teil der Kosten tragen müssen, die ein kommendes Hochwasser verursacht. Es darf nicht zur Regel werden, daß immer wieder die Allgemeinheit für die Fehleinschätzungen anderer bezahlen muß. Mit Solidarität hat das wenig zu tun. Ähnlich schwer verständlich sind Forderungen nach Entschädigungen der Landwirtschaft bei Hochwasserschäden im Auwald, wenn Felder in frühere Überschwemmungsgebiete angelegt worden sind. Im Verlauf der vergangenen 150 Jahre sind bei den Flußkorrektionen und Eindeichungen an vielen größeren Flüssen bis zu über 90 Prozent der Auwälder vernichtet und in Kulturland umgewandelt worden. Zumeist bewirkt diese Einengung der Flüsse einen Ausbreitungsverlust von mehr als der Hälfte des ehemaligen Hochwassergebietes bisweilen bis zu 80 Prozent und mehr im Extremfall. Entsprechend verdoppeln sich die Hochwasserhöhen oder vervierfachen sich bei gleichen Wassermengen. Das verändert, wie schon erläutert, zwangsläufig die Häufigkeit, mit der höhere oder gefährlich hohe Pegelstände erreicht werden.

Zu diesen einfachen Rechnungen bedarf es keiner Prophe-terie. Warum aber die große Allgemeinheit und nicht primär die solcherart langjährig und langfristig Begünstigten für die Kosten der Katastrophe aufkommen soll, läßt sich gleichfalls schwer nachvollziehen. Kosten-Nutzen-Bilanzen müßten hier viel klarer und enger gefaßt werden. Billiges Bauland erweist sich unter solchen Umständen sehr rasch als extrem teueres Terrain und umgekehrt ein höherer Preis auch als Garant für höhere Sicherheit und geringere Schäden.

Eine Gesellschaft, die Gefährdungen in der Zukunft meistern will, muß sich zwangsläufig zuerst mit den Versäumnissen der Vergangenheit und Gegenwart auseinandersetzen. Und diese bereinigen. Die größte Herausforderung für die Zukunft ist die Unvollkommenheit der Gegenwart. Um zu dieser Feststellung zu kommen, braucht man keine Propheten. Nicht das Große Unbekannte ist es, das uns später irgendwann zu schaffen machen wird, sondern das Altbekannte, aber nicht mehr Wahrgenommene. Was uns geläufig ist, empfinden wir nicht mehr als bedrohlich.

Sitzen wir also in einer Falle? Glauben wir den Propheten und es ereignet sich nichts, ist es gut und auch deren Irrtum war kein Fehler für uns. Glauben wir ihnen nicht, und es passiert etwas, müssen wir uns selbst für schuldig halten. Passiert nichts, haben wir vergessen, daß wir einmal den Prognosen geglaubt hatten. Was bleibt uns also übrig?

11. Umweltprognosen und Zukunft

Für das, was da kommen wird, gerüstet zu sein, ist sicherlich gut. Der Blick in die Zukunft würde sich lohnen. Wenn es stimmen würde, was die Propheten vorhersagen, hätten wir viel zu gewinnen und könnten die Verluste gering halten oder vermeiden. Daß es bei dieser Hoffnung bleibt, empfinden wir als Mangel. Hätten wir, so eine vielgehörte Klage, nicht von Natur aus eine ähnlich gute Voraussicht entwickeln können wie unsere Fähigkeit, im Geschehenen die Zusammenhänge und Ursachen zu erkennen? Die Antwort ist ein klares Nein. Die Evolution, aus der wir hervorgegangen sind und die uns in Jahrhunderttausenden und Jahrmillionen geformt hat, ist zukunftsblind. Absolut blind für Kommendes. Nichts kann sie voraussehen, was sich auf dem Zeitpfeil der Geschichte bewegt und entwickelt. Lediglich die stete Wiederkehr von zyklischen Naturvorgängen kann zum Zeitgeber werden. Auf das, was wieder und wieder kommt, was mit hinreichender Regelmäßigkeit und Sicherheit zu erwarten ist, kann die Evolution ihre Produkte, die Organismen, einstellen. So wie wir Menschen uns auf das Werden und Vergehen in den Jahreszeiten und auf das Kommen und Verschwinden von Generationen einstellen. Aus Jung wird Alt und nicht umgekehrt. Die Erneuerung findet über die Generationsfolge statt. An diese, an die kommenden Generationen, geben wir nicht nur biologisch unser Erbgut weiter, sondern auch das Wissen und die angesammelten Güter. Doch all das stammt aus der Vergangenheit und mußte sich, um nicht verworfen zu werden, in der Gegenwart bewährt haben. Der Vorgriff in die Zukunft ist uns wie dem gesamten Leben verwehrt. Erwarten können die Lebewesen nur die Wiederkehr zyklischer Vorgänge. Aber ob diese unter den alten, den bisherigen Rahmenbedingungen ablaufen werden oder unter neuen, können sie nicht vorab wissen. Wäre das der Fall, gäbe es auch keine Weiterentwicklung, keine Evolution. Weder in der Natur, noch in der Kultur, die sich grundsätzlich vergleichbar den Naturvorgängen entwickelt und verändert.

Wie wir es auch drehen und wenden: Für die Vorausschau eignet sich nur der zyklische Aspekt der Zeit, nicht der stetig und unbremsbar davoneilende Zeitpfeil, der die Geschichte macht. Vorhersagen können wir daher nur mit wiederkehrenden Vorgängen verbinden. Manche sind sehr sicher, wie die Folge von Nacht und Morgen. Andere schon weniger, weil zwar der nächste Sommer oder Winter bestimmt kommen wird, doch wie er ausfällt, können wir nicht vorhersagen. Die Vorhersagen werden immer weicher und unzuverlässiger, je stärker der Zeitpfeil einbezogen werden muß. Selbstverständlich wissen wir, daß wir beständig älter werden. Wie schnell aber hinsichtlich unserer Fähigkeiten oder Gebrechen, können wir nicht mehr abschätzen. Manche Menschen altern schnell, andere langsam, obwohl für alle die gleiche Zeit gilt.

Noch etwas anderes kommt hinzu: Die zeitlichen Abläufe vollziehen sich, wo immer sie mit Leben verbunden sind, nicht gleichmäßig und gleichförmig. Manches kann plötzlich sehr schnell vonstatten gehen, sich aufschaukeln und überstürzen, anderes dagegen zäh dahinfließen, ohne sich erkennbar in menschlichen Zeitspannen zu verändern. Das Wachstum eines Baumes verläuft ganz anders als das Wachstum einer Kolonie von in unseren Körper eingedrungenen Krankheitserregern. Ideen, die sich in den Köpfen festsetzen und die weiter verbreitet werden, verhalten sich anscheinend recht ähnlich wie Krankheitsausbrüche und Epidemien. Erst finden sie nur recht zögernd Zugang zum Denken der Menschen. Für deren Meinung sind sie noch, von Einzelfällen abgesehen, unerheblich. Doch dann setzt eine Aufschwungphase ein und wie eine Welle breitet sich die neue Sicht aus, wird über die Medien verbreitet und weiter vorangetrieben, um danach irgendwann wieder sang-

und klanglos zu verschwinden, als hätte sie es gar nicht gegeben.

Beim Waldsterben erleben wir gegenwärtig diese Niedergangsphase, bei der Klimaänderung den Aufschwung. Die Medienmacher wissen um diese Gegebenheiten. Manche Themen sind schon zu lange in die Öffentlichkeit getragen worden, um noch weiterhin interessant zu sein oder Wirkungen entfalten zu können. Neues muß her, muß aufgebaut und aufgebauscht werden. Je schlechter die Nachricht, desto besser. Katastrophen erzeugen die größte Aufmerksamkeit.

Vielleicht braucht unser Gehirn diese Erregung. Wir wissen es nicht. Wir können nur beobachten, daß offenbar Tiere, auch solche, die uns verwandtschaftlich sehr nahestehen wie die Menschenaffen, keine Sensationslust zeigen. Außer in der Langeweile eines Zoodaseins vielleicht. Konrad Lorenz merkte einmal bezeichnenderweise an, daß das, was ihn an Tieren und der von ihm entscheidend mitgeprägten Verhaltensforschung so fasziniere, die Tatsache sei, daß Tiere so herrlich faul sein könnten.

Ist es also die Unruhe in uns, die uns zur Sucht nach Katastrophen treibt? Darüber läßt sich spekulieren. Und schon deshalb sollten wir den Prognosen stets auch mit kräftigem Mißtrauen begegnen. Wer kein Mißtrauen entwickelt, wird leicht zum Opfer.

Viel helfen solche Überlegungen jedoch nicht in einer Zeit, die uns mit einer Flut von Prognosen überschüttet. Die Praxis lehrt zudem, daß es wiederum nur blinder Glaube ist, anzunehmen, daß man aus Schaden klug wird. Denn welche Folgerungen sind aus den Rhein- und Oderhochwässern gezogen worden? Was nützten die Klagen von damals den Flutopfern an der Elbe von heute? Das Wasser der Bäche wird weiterhin auf schnellstem Weg in die Flüsse, in die Stauseen oder Speicherbecken geleitet. Wo sind den Flüssen in nennenswertem Umfang Auen als Überflutungsräume zurückgegeben worden? Oder sind etwa die städtischen Baumschutzverordnungen entsprechend den Sturmschäden grundsätzlich revidiert worden? Oder die Ausweisung von Baugebieten in ehemaligen Flutungsräumen? Oder Forste vorsorglich so umgebaut worden, daß schwere Sturmschäden weniger wahrscheinlich werden? Möglichkeiten, etwas gegen die Katastrophen unmittelbar zu tun, gäbe es genug. Die nötigen Veränderungen in Gang gebracht zu haben für die Katastrophen, die direkt kommen können und mit Sicherheit kommen werden, das hätte für uns, für unsere Kinder und Enkel nützlich sein können. Dazu müßte aber jetzt etwas Substantielles getan werden und nicht nur so etwas fiktives wie die Minderung des CO_2-Ausstoßes. Dazu trägt jeder milde Winter mehr bei als aktives Energiesparen. Wer wird der Ernsthaftigkeit der Politik in Sachen Klimaschutz schon vertrauen, wenn öffentliche Verkehrsmittel nach wie vor riesige Mengen von Abgasen übelster Art von sich geben oder, wie die Superschnellzüge, ähnlich viel Energie verbrauchen wie Flugzeuge. Der Staat geht den Bürgern nicht mit gutem Beispiel voran. Er fordert von einem Teil der Bürger Wohlverhalten und nimmt sich selbst weitestgehend davon aus. Wie alle wohl organisierten Interessenverbände der Wirtschaft auch. Dort ist es kaum anders als im Umweltbereich. Was sollen die Prognosen zu Arbeitslosenzahlen und Wirtschaftswachstum, die in viel zu kurzen Abständen immer wieder verändert werden müssen, wenn mögliche Gegenmaßnahmen unmöglich gemacht werden, weil sie gegen Gruppeninteressen gerichtet wären. Längst hätte die Politik eingestehen müssen, daß sie nicht in der Lage ist, im Interesse des Gemeinwohls die nötigen Maßnahmen durchzusetzen. Weil dieses Gemeinwohl eigentlich gar keine Änderung möchte: Alles sollte möglichst so bleiben, wie es ist, auch wenn man weiß, daß es so nicht gut, geschweige denn ideal ist.

So dienen die Prognosen zwar dazu, Unruhe zu erzeugen und das schlechte Gewissen wach zu halten, aber gleichzeitig lenken sie auch von den Notwendigkeiten der Gegenwart ab. Pläne und Prognosen verdrängen die Gegenwart. Darin steckt das eigentliche Kernproblem. Darin würde auch die Lösung stecken, könnten wir dazu kommen, anstelle unnötiger, wenig hilfreicher Prognosen das anzupacken, was getan werden muß.

Die Situation in unserer Umwelt böte hierzu reichlichst Betätigungsfelder. Ist doch vieles, was nötig war, angepackt und angefangen, aber alles andere als vollendet worden. Überall sehen wir uns dieser Unvollendetheit ausgesetzt; bei Luft und Wasser, Lärm und Infrastrukturen. Für eine ernsthafte und ehrliche Umweltpolitik kann es nur ein Motto geben: Zuerst das Großreinemachen in unserem eigenen Haus Deutschland zu betreiben und zu vollenden. Danach können wir uns als Retter der Welt präsentieren. Bis dahin wird allerdings auch bei besten Bemühungen noch sehr viel Zeit verstreichen. Aber wir selbst, unsere Kinder und Enkel werden uns an unseren Werken erkennen und nicht an den leeren Worten.

Die meisten Katastrophen brachte uns nicht die Natur. Wir haben Naturereignisse durch falsche Entwicklungen oder durch Nichtstun verstärkt und verschlimmert. Es liegt an der Art und Weise, wie wir mit der Natur umgehen, ob Katastrophen kommen und gar Menschenleben kosten. Wer Wasser möglichst schnell aus seiner Wiese ableitet, um ein paar Fuder Heu mehr ernten zu können, wird Mitverantwortlicher für die Flutkatastrophe weiter flußabwärts. Wer die Flüsse einengt, verursacht den Anstieg. Wer Schutzwälder aufreißt, um neue Pisten für den Wintersport zu gewinnen, braucht sich über die zunehmenden Lawinenunglücke nicht zu wundern.

Die Katastrophen gehen von der Art der Landnutzung aus. Nicht vom Kohlendioxid in der Luft oder vom Anstieg der Durchschnittstemperaturen. Die Katastrophen in Deutschland sind genau so hausgemacht wie im ganzen Naturhaushalt der Erde. Wenn Jahr für Jahr Grasland und Savannen in der Größe von ganz Australien abgebrannt werden, nur um den Graswuchs für Rinder zu stimulieren, beeinflußt dies mit Sicherheit den Naturhaushalt mehr als ein paar Zehntelgrade Mitteltemperatur. Diese sind nicht einmal Anzeiger für solche Vorgänge, wie ihre enge Verbindung mit dem Verbrauch fossiler Brennstoffe offenbar belegt. Von diesen soll der Kohlendioxidanstieg ausgehen und dieser wiederum die Mitteltemperatur steigen lassen. Um die Erde als flambierten Planeten kümmern sich die Modellbauer offenbar nicht. Zumindest viel zu wenig, denn sonst würden sie die immensen Energiekosten anprangern, die mit dem Ferntransport von Futtermitteln verbunden sind. Und für die Erzeugung von Rindfleisch in Ställen, wo es auf dem freien Grasland der Pampa ohne Energieeinsatz heranwachsen könnte. Wie das Gras darunter. Die Klimamodelle würden auch berücksichtigen, in welchem Umfang Hunderttausende von Quadratkilometer Tropenwälder vernichtet werden, um Anbauflächen für die Futtermittel zu gewinnen. Und wieviel lebendige Vielfalt, Biodiversität, dabei zugrundegerichtet wird.

Von diesen global entscheidenden Vorgängen, die tatsächlich die Zukunft prägen werden, lenken die Modelle ab. Die Propheten des Wandels suchen sich die Schuldigen dort aus, wo sie nicht in kraftvollen Interessenverbänden organisiert sind. Dort, wo das schlechte Gewissen am leichtesten erzeugt und wachgehalten werden kann. Bei uns, bei den Verbrauchern, den Steuerzahlern, den Ernährern von Politikern und Modellbauern, von den Erzeugern im weiteren Sinne.

Würden die verschiedenen Interessengruppen nicht wie Parasiten voneinander profitieren wollen, sondern vielmehr im Sinne einer Symbiose zusammenwirken, könnte vieles vermieden oder verbessert werden, was gegenwärtig im Argen liegt. Die Ökologie als Wissenschaft hätte eigentlich mit ihrem Anliegen und ihrer Begriffswahl das Verbindende, das Gemeinsame werden können, wäre sie nicht zu einer Ersatzreligion mißbraucht worden. Oikos, das Haus, diente Ernst Haeckel im 19. Jahrhundert als bildhafte Vorstellung zu den Abläufen in der Natur. Ein geordneter, ein guter Haushalt sollte die Natur sein. Daß sie es nicht ist, wurde schmerzliche Gewißheit und führte zur Verdrehung und Verherrlichung einer Natur, die sein sollte wie sie eben nicht ist.

Warum aber sollte die Natur so ideal sein? Wäre es nicht besser, wir würden dieses Ideal uns selbst setzen und die Ökologie des Menschen zu einem wohlgeordneten Haus mit nachhaltiger Wirtschaftsweise gestalten? Der zweite Umweltgipfel in Johannesburg im August/September 2002 zielte auf diese Wunschvorstellung. Könnte die sich als global führend betrachtende deutsche Umweltpolitik unser Land als leuchtendes Vorbild präsentieren, fiele das Nachmachen anderen leichter. Doch unser Vorbild taugt nicht viel: Halbfertiges, Angerissenes, Angedachtes, von mehr Ausnahmen Durchsetztes als der Regel entspricht und dem Ziel zuträglich sein kann. Zudem befinden wir uns in der Spitzenklasse der Umwelt-Kolonialisten und -Imperialisten. Rohstoffe in noch nie dagewesenen Mengen werden aus aller Welt nach Deutschland, nach Europa importiert. Rohstoffe, die wir nicht mit nachhaltiger Wirtschaftsweise hier produziert haben. Anstatt fertige Produkte von dort zu beziehen, wo sie am besten von natürlichen Bedingungen erzeugt werden.

So muß unser wichtigstes Zukunftsprogramm der Rückzug in die Gegenwart werden. Auf diese sollten wir aufmerksam und tatkräftig blicken. Weit weniger als die Zukunft bedroht uns die Gegenwart. Aus ihr sind die Katastrophen gekommen und von ihr werden sie wiederkommen. Wir haben viel zuviele ungelöste Probleme, um uns leisten zu können, neue zu entdecken, zu diskutieren und wieder auf die alte Weise in die Zukunft zu verschieben.

Vielleicht brauchen wir dazu eine neue Ökologie; eine, die sich nicht an der Natur orientiert, sondern am Menschen. Eine Ökologie, die Sein, Tun und Wirken der Menschen als Hauswirtschaft betrachtet, die nicht unter Einschluß der sogenannten Natur bilanziert, sondern die tatsächlichen Kosten dem Nutzen gegenüberstellt. Garret Hardin hatte dies zu Beginn der Umweltschutzära in seinem Werk »Die Tragödie der Allmende« umfassend dargelegt. Ohne Erfolg, wie die Entwicklung zeigte. Noch weniger darf aber auch eine Öko-Diktatur die Lösung werden. Auf Einsicht und Verständnis zu hoffen, dürfte auch in Zukunft reichlich naiv und unrealistisch sein. Trotzdem gibt es einen Weg. Einen, der vom Menschen stets gewählt wurde, wenn er die Wahl hatte. Es ist dies der Weg der Belohnung. Umweltgerechtes, die Lage verbesserndes Verhalten und Wirtschaften muß sich lohnen. Gegenwärtig wird es fast ausnahmslos mit höherem Aufwand oder Steuern bestraft. Es war ein Kardinalfehler, Kraftstoff für Autos mit Katalysator nicht billiger als Diesel zu machen, sondern teurer, am teuersten von allen – Heizöl und landwirtschaftliche Kraftstoffe eingeschlossen. Es war und ist ein Fehler, dauerhafte, sichere Fahrzeuge höher zu besteuern als kleine, rasch verbrauchte und wieder zu ersetzende. Es war und ist ein Fehler, Rindfleischimporte aus Argentinien durch Schutzzölle und Preisdruck aus der europäischen Überproduktion zu belasten, aber Sojaimporte aus Südamerika wirtschaftlich profitabel zu machen. Es war falsch, die landwirtschaftliche Bodennutzung wie auch den Siedlungsbau in die Talräume der Fließgewässer sogar mit öffentlicher Förderung vordringen zu lassen, obwohl bekannt war, daß diese Talräume von Hochwassern geschaffen und deshalb früher nicht besiedelt worden waren. Die Liste der Klagen könnte endlos fortgesetzt werden.

Entgegenzusetzen wären echte Vergünstigungen für Maßnahmen und Tätigkeiten, die Umweltschutzziele umsetzen. Nur was belohnt wird, das wird auch gerne (und gut) getan werden. Und koste das auch mehr Energie. Die Gewinne werden für die Umwelt des Menschen anderweitig vielfach hereinkommen. Kohlendioxid und Wärme sind nicht das Maß aller Dinge oder das Wichtigste in der Natur. Für die Zukunft, so sie uns denn wirklich etwas bedeuten sollte, gelten die alten Forderungen nach sauberem Wasser, guter Luft und gesunder Nahrung.

Ein Gemeinwesen, das diese Anforderungen verwirklicht, wird auch bei sich ändernden Umweltbedingungen zukunftsfähig sein und vorbildhaft für andere. Sowie gesunde Lebewesen besser mit den Wechselfällen der Umwelt zurechtkommen als kranke und belastete. Deshalb brauchen wir weit weniger Propheten für die Zukunft als Verwirklicher der Gegenwart. Sie ist unsere Herausforderung – und wird das auch in Zukunft sein. Denn wir leben in der Gegenwart, wie auch jede nach uns kommende Generation in ihrer Gegenwart leben wird. Zukünftige Apokalypsen sind ähnlich schlechte Visionen wie ferne, unerreichbare Paradiese. Die Gegenwart fordert uns genug, das Beste aus ihr zu machen.

Literatur

Bätschmann, Oskar: *Entfernung der Natur. Landschaftsmalerei 1750–1920.* Köln 1989.

Bayerische Akademie für Naturschutz und Landschaftspflege (Hrsg.): *Aussterben als ökologisches Phänomen.* Laufener Seminarbeiträge 3/00, 2000

Bayerische Akademie der Wissenschaften: Kommission für Ökologie (Hrsg.):
- Rundgespräch 7 : *Probleme der Umweltforschung in historischer Sicht.* München 1993
- Rundgespräch 8 : *Klimaforschung in Bayern.* München 1994
- Rundgespräch 22: *Gebietsfremde Arten, die Ökologie und der Naturschutz.* München 2001
- Rundgespräch 24: *Hochwasser – Katastrophe oder Chance?* München 2002

Calvin, William H.: *Die Symphonie des Denkens. Wie aus Neuronen Bewußtsein entsteht.* München 1993

Campbell, Bernard : *Ökologie des Menschen.* München 1985

Datta, Asit: *Welthandel und Welthunger.* München 1984

Diamond, Jared: *Arm und Reich. Die Schicksale menschlicher Gesellschaften.* Frankfurt 1998

Dobsen, Andrew P.: *Biologische Vielfalt und Naturschutz. Der riskierte Reichtum.* Heidelberg. 1997

Eccles, John C.: *Die Psyche des Menschen.* München 1984

Eldredge, Niles: *Wendezeiten des Lebens. Katastrophen in Erdgeschichte und Evolution.* Heidelberg 1994

Engelhardt, Wolfgang: *Umweltschutz.* München 1973

Fraser, Julius T.: *Die Zeit. Auf den Spuren eines vertrauten und doch fremden Phänomens.* München 1991

Fucks, Wilhelm: *Formeln zur Macht. Prognosen über Völker, Wirtschaft, Potentiale.* Stuttgart 1965

Geiss, Imanuel: *Geschichte im Überblick.* Reinbeck bei Hamburg 2000

Gleich, Michael/Maxeiner, Dirk/Miersch, Michael/Nicolay, Fabian: *Life Counts. Eine globale Bilanz des Lebens.* Berlin 2000

Goldammer, Johann Georg: *Feuer in Waldökosystemen der Tropen und Subtropen.* Basel 1993

Gould, Stephen J.: *Die Entdeckung der Tiefenzeit. Zeitpfeil oder Zeitzyklus in der Geschichte unserer Erde.* München 1992
Gumin, Heinz & Heinrich Meier (Hrsg.): *Die Zeit. Dauer und Augenblick.* München 1989
Herlihy, David: *Der schwarze Tod und die Verwandlung Europas.* Berlin 1998
Huntington, Samuel: *Kampf der Kulturen.* München/Wien 1996
Jungius, Joachim/Gesellschaft der Wissenschaften Hamburg (Hrsg.): *Klimaänderungen, Mensch und Lebensraum.* Göttingen 1980
Kandler, Otto: *Vierzehn Jahre Waldschadensdiskussion – Szenarien und Fakten.* Naturwissenschaftliche Rundschau 47 (1994), S. 419-430.
Küster, Hansjörg: *Geschichte der Landschaft in Mitteleuropa. Von der Eiszeit bis zur Gegenwart.* Müchen 1995
Lamp, H. H.: *Klima und Kulturgeschichte. Der Einfluß des Wetters auf den Gang der Geschichte.* (= Rowohlts Enzyklopädie *Kulturen und Ideen.* Reinbek bei Hamburg 1989
Leakey, Richard/Lewin, Roger : *Die sechste Auslöschung. Lebensvielfalt und die Zukunft der Menschheit.* Frankfurt 1996
Lem, Stanislaw: *Die Vergangenheit der Zukunft.* Frankfurt 1992
Lorenz, Konrad : *Die Naturwissenschaft vom Menschen.* München 1992.
Maxeiner, Dirk / Mirsch, Michael: *Öko-Optimismus.* Düsseldorf/München 1996
Meadows, Dennis: *Die Grenzen des Wachstums. Bericht des Club of Rome zur Lage der Menschheit.* Stuttgart 1972
Meadows, Donella H., Dennis Meadows & Jørgen Randers: *Die neuen Grenzen des Wachstums.* Stuttgart 1992
Meister, Georg / Schütze, Christian / Sperber, Georg: *Die Lage des Waldes.* Hamburg 1984.
Myers, Norman: *Die sinkende Arche. Bedrohte Natur, gefährdete Arten.* Braunschweig 1985
Nicolis, Grégoire/Prigogine, Ilya: *Die Erforschung des Komplexen. Auf dem Weg zu einem neuen Verständnis der Naturwissenschaften.* München 1987
Odum, Eugene P. /Reichholf, Josef H.: *Ökologie. Die Brücke zwischen den Natur- und Sozialwissenschaften.* München 1980
Pfister, Christian: *Wetter-Nachhersage. Mannheimer Forum 89/90:* S. 183-240. München 1990
Pöppel, Ernst: *Grenzen des Bewußtseins. Über Wirklichkeit und Welterfahrung.* München 1987
Popper, Karl/Eccles, John C.: *Das Ich und sein Gehirn.* München 1982
Prinzinger, Roland: *Das Geheimnis des Alterns.* Frankfurt 1996

Reichholf, Josef H.: *Der Tropische Regenwald. Die Ökobiologie des artenreichsten Naturraums der Erde.* München 1990
Reichholf, Josef H.: *Der schöpferische Impuls. Eine neue Sicht der Evolution.* Stuttgart 1992 und München (Taschenbuchausgabe)
Reichholf, Josef H.: *Der blaue Planet. Einführung in die Ökologie.* München. 1998
Reichholf, Josef H.: *Planet der Rinder, Planet der Menschen.* In: *Die Gegenwart der Zukunft.* Berlin 2000
Schubert, Venanz/Quenzel, Heinrich (Hrsg.): *Klima und Mensch.* (= Wissenschaft und Philosophie Bd. 14) St. Ottilien 1997
Schulz, Jürgen: *Die Ökozonen der Erde.* Stuttgart 1995
Sommer, Volker: *Lob der Lüge. Täuschung und Selbstbetrug bei Tier und Mensch.* München 1992
Vester, Frederik: *Das Überlebensprogramm.* München 1972
Wendorff, Rudolf (Hrsg.): *Im Netz der Zeit. Menschliches Zeiterleben interdisziplinär.* Stuttgart 1989
Wilson, Edward O.: *Der Wert der Vielfalt. Die Bedrohung des Artenreichtums und das Überleben des Menschen.* München 1995
Wilson, Edward O.: *Die Zukunft des Lebens.* Berlin 2002
Wilson, Edward O. (Hrsg.): *Ende der Biologischen Vielfalt? Der Verlust an Arten, Genen und Lebensräumen und die Chancen für eine Umkehr.* Heidelberg 1992
Winfree, Arthur T.: *Biologische Uhren.* Heidelberg 1988
Wuketits, Franz M.: *Naturkatastrophe Mensch.* Düsseldorf 1998

Außerdem:
Opinion Interview *Seizing tomorrow.* In: New Scientist vom 1. Dezember 2001, Seite 24-45. Interview mit Richard Slaughter, Präsident, World Future Studies Federation, Australien.

Wagenbachs *andere* Taschenbücher

Die Gegenwart der Zukunft *Die Serie der »Süddeutschen Zeitung« über unsere Welt im neuen Jahrtausend*

Beiträge von Neil Postman, Willibald Sauerländer, Samuel P. Huntington u.v.a. über Fragen, die uns unsere Gegenwart stellt, deren Beantwortung für das neue Jahrtausend jedoch von großer Bedeutung sein wird.

WAT 369. 128 Seiten

David Herlihy Der schwarze Tod und die Verwandlung Europas

Eine plausible und weitreichende Sicht auf die verheerende Pest von 1348 und ihre Folgen, die als grundlegender Angelpunkt des mittelalterlichen Europa gezeigt werden.

»Eine glänzende Studie!« E. Tenner, Wilson Quarterly

Aus dem Amerikanischen von Holger Fliessbach

WAT 391. 144 Seiten

Fritz Kramer Bikini

Atomares Testgebiet

Warum ein paar Inseln in der Südsee zum Schauplatz der ersten Atombombenversuche wurden. Woran die Bewohner vorher glaubten und welche neuen Götter ihnen die Bombe beschert hat.

WAT 380. Originalausgabe. 112 Seiten mit Abbildungen

Norberto Bobbio Das Zeitalter der Menschenrechte

Ist Toleranz durchsetzbar?

Das Hauptwerk eines kühnen und autonomen Denkers jetzt als Taschenbuch: Über die Grundlagen des menschlichen Zusammenlebens. Ein Basisbuch für alle politisch und juristisch Interessierten, zugleich ein höchst aktuelles Buch, denn »die Menschenrechtsverletzungen von heute sind die Massaker von morgen«.

Deutsch von Ulrich Hausmann. Mit einem Nachwort von Otto Kallscheuer

WAT 358. 128 Seiten

Berlusconis Italien – Italien gegen Berlusconi
Warum der kleine Bauunternehmer zum allesverschlingenden Medienmogul aufsteigen konnte und als mehrfach angeklagter Geschäftsmann zum Ministerpräsidenten gewählt wurde. Mit einem einführenden Text von Friederike Hausmann über den Aufstieg Berlusconis und Beiträgen von Stefano Benni, Andrea Camilleri, Umberto Eco, Luigi Malerba, Nanni Moretti, Antonio Tabucchi u.v.a.
WAT 450. Originalausgabe. 144 Seiten

Friederike Hausmann
Kleine Geschichte Italiens von 1943 bis Berlusconi
Vom Sturz Mussolinis über die Mitte-Rechts-Regierungen, die Jahre des Terrors, die vielen Kabinette Andreottis bis zur Korruption unter Craxi, von der angeblichen Wende unter Berlusconis erster Regierung zur Veränderung unter Prodis Mitte-Links-Regierung bis zum Rechtsruck im Frühjahr 2001 und die Veränderungen durch die Regierung Berlusconi, wie sie bereits beim G8-Gipfel sichtbar wurden.
Aktualisierte und erweiterte Neuausgabe
WAT 448. 240 Seiten mit Abbildungen

Brunello Mantelli
Kurze Geschichte des italienischen Faschismus
Die einzige Geschichte des italienischen Faschismus auf dem deutschen Markt: von den Anfängen bis zum Fall.
Aus dem Italienischen von Alexandra Hausner
Deutsche Erstausgabe.
WAT 300. 192 Seiten mit vielen Abbildungen

Umberto Eco
Mein verrücktes Italien
»Das Schöne daran, es ist live!« ruft die begeisterte Zuschauerin des Palio in Siena. Im Hintergrund schreibt Umberto Eco mit – der Zeichentheoretiker entziffert die Zeichen seines Landes.
Aus dem Italienischen von Burkhart Kroeber
WAT 370. 128 Seiten

Georg Blume / Chikako Yamamoto
Modell China
Im Reich der Reformen
Zwölf Berichte aus einem Reformlaboratorium: Reportagen aus Politik, Wirtschaft, Wissenschaft und Kultur, die zeigen, warum China sich zur bedeutendsten Supermacht des Jahrhunderts entwickeln könnte.
Mit einem Vorwort von Helmut Schmidt
WAT 424. Originalausgabe. 160 Seiten

Georg Blume / Chikako Yamamoto
Chinesische Reise
Provinzen und Städte in der Volksrepublik
Eine politische und sentimentale Reise durch die Metropolen und Provinzen eines Landes, das sich wie kein anderes in den letzten zehn Jahren verändert hat.
Mit einem Nachwort von Helmut Schmidt
WAT 348. 160 Seiten

Ziauddin Sardar Der fremde Orient
Geschichte eines Vorurteils
Ein ebenso gelehrtes wie kurzes Handbuch über eine verhängnisvolle geistige Tradition: Welches Bild sich der Westen vom Orient gemacht hat und wie dieses Zerrbild zum grundlegenden Bestandteil des kulturellen Selbstverständnisses sowohl des Westens wie des Orients geworden ist.
Aus dem Englischen von Matthias Strobel
WAT 451. 192 Seiten. Deutsche Erstausgabe

W. Montgomery Watt
Der Einfluß des Islam auf das europäische Mittelalter
Eine kurze und allgemeinverständliche Einführung in die islamische Kultur und ihre prägende Rolle für die Geburt der Wissenschaften in Europa. »Eine wirksame Therapie gegen europäischen Überlegenheitsschwindel.« taz
Mit einem Vorwort von Ulrich Haarmann
Aus dem Englischen von Holger Fließbach
WAT 420. 128 Seiten

W. Montgomery Watt Kurze Geschichte des Islam
Der profunde Islamkenner Montgomery Watt erklärt Ursprünge und Entwicklungen des Islam. Er sorgt damit für ein tieferes Verständnis dieser Religion, ohne dabei die problematischen Momente in der Geschichte des Islam außer acht zu lassen.
»Ein zuverlässiges und scharfsinniges Handbuch von einem der großen Kenner der Materie.« Martin Forward, Epworth Review
Aus dem Englischen von Gennaro Ghirardelli
WAT 454. 144 Seiten

Edith Bruck Wer dich so liebt
Lebensbericht einer Jüdin
Der bewegende autobiographische Bericht einer jungen Ungarin über ihre Deportation nach Auschwitz, ihren Weg durch mehrere Lager bis zur Befreiung in Bergen-Belsen.
Und schließlich ihre Frage: Wie lebt man danach weiter?
Aus dem Italienischen von Cajetan Freund
WAT 352. 112 Seiten

Mireille Hadas-Lebel Massada
Der Untergang des jüdischen Königreichs oder die andere Geschichte von Herodes
»Ein wundervolles Buch. Die Autorin macht den letzten Widerstand der Juden gegen Roms Legionen auf der Bergfestung Massada zum Knotenpunkt eines Panoramas, in dem der Ablauf von Jahrtausenden im Wechselspiel von Mythos und Historie transparent wird.«
Jakob Hessing, Frankfurter Allgemeine Zeitung
WAT 294. 144 Seiten mit Abbildungen